CD付き

英語で楽しむ
ピーターラビット™の世界

 Book 1

Beatrix Potter 英文・絵
木谷朋子 Tomoko Kitani 訳・解説
河野芳英 Yoshihide Kawano 監修

The Japan Times

はじめに

　ピーターラビットの絵本シリーズを英語教材にできないものかと、ジャパンタイムズにご相談したのが2010年9月のことでした。以前から、大人が読んでも面白い作品であり、英語の音の響きが美しいと感じていたためです。

　私がこどもの頃には、石井桃子訳による福音館書店版はまだ発売されていませんでしたので、私自身はだいぶ大人になってから英語で読みました。手のひらサイズの絵本を、イギリス湖水地方のヒルトップで購入したのが、ビアトリクス・ポター作品との初めての出会いです。

　今日、ビアトリクスのかわいい動物たちの絵は、さまざまな製品のキャラクターになり、日本にも多くのファンがいます。ビアトリクスは生涯で24冊（イギリス本国では23冊）の小さな絵本をこの世に送り出しました。

　本書には、全世界で発行部数4,500万部を超えるビアトリクスの代表作『ピーターラビットのおはなし』(1902)のほか、『ベンジャミン バニーのおはなし』(1904)、『りすのナトキンのおはなし』(1903)、『まちねずみジョニーのおはなし』(1918)、『パイがふたつあったおはなし』(1905) の5作品が収録されています。

　最後に、監修の大東文化大学教授の河野芳英先生、絵の版権交渉で大変お世話になりましたコピーライツアジアの松本陽子さん、近藤三奈さん、翻訳作業を手伝ってくださった平野ももさん、物語のナレーションをしてくださったエマ・ハワードさん、ステュウット・ヴァーナム-アットキンさん、そして、遅れがちな私の執筆を辛抱強く待ち、いつも励ましてくださった編集者の西田由香さんに、この場を借りて厚く御礼申し上げます。

　　　　　　　　　　　　　　　　　　　　　　　2012年5月　　木谷朋子

主な参考文献

『愛蔵版 ピーターラビット全おはなし集（改訂版）』（ビアトリクス・ポター作・絵／石井桃子、間崎ルリ子、中川李枝子訳／福音館書店）
『ピーターラビットの世界』（吉田新一／日本エディタースクール出版部）
『ピーターラビットと歩くイギリス湖水地方』（伝農浩子、辻丸純一／JTBパブリッシング）
Beatrix Potter The Complete Tales（Beatrix Potter ／ Frederick Warne）
Beatrix Potter at Home in the Lake District（Susan Denyer, Frances Lincoln ／ The National Trust）
Beatrix Potter and Hill Top（Judy Taylor ／ The National Trust）　ほか

Contents

- 3 ● はじめに
- 6 ● ピーターラビットの物語の舞台 ── 湖水地方の地図

- 7 ● THE TALE OF PETER RABBIT
  ピーターラビットのおはなし

- 31 ● THE TALE OF BENJAMIN BUNNY
  ベンジャミン バニーのおはなし

- 55 ● THE TALE OF SQUIRREL NUTKIN
  りすのナトキンのおはなし

- 83 ● THE TALE OF JOHNNY TOWN-MOUSE
  まちねずみジョニーのおはなし

- 109 ● THE TALE OF THE PIE AND THE PATTY-PAN
  パイがふたつあったおはなし

コラム
　54 ● サンデーディナーの歴史
　79 ● ビアトリクス・ポターの作品におけるナーサリー・ライム

154 ● ビアトリクス・ポターの生涯

監修：コピーライツアジア株式会社

翻訳協力：平野　もも（Momo Hirano）
カバー・本文デザイン・地図制作：有限会社ディーイーピー、渡邉　善勝
DTP組版：朝日メディアインターナショナル株式会社

CD収録時間：約55分
CDナレーション：Stuart Varnam-Atkin / Emma Howard
収録・編集：ELEC録音スタジオ

◎本書の英文は、オリジナルの絵本とはレイアウトが異なります。
　また、登場人物の名前は福音館書店発行の絵本シリーズに準じています。

◎本書では、英文・ナレーションともイギリス英語を使用しています。
　CDにはトラック番号の付いた英文が収録されています。

◎付属のCDは再生機器の種類により、不具合を生じる場合があります。
　ご使用に際しての注意事項につきましては、以下のウェブサイトをご覧ください。
　http://bookclub.japantimes.co.jp/act/cd.jsp

ピーターラビットの物語の舞台
湖水地方の地図

Lake District
湖水地方

Manchester
マンチェスター

London
ロンドン

Lake District

Keswick
ケズィック

Derwent Water
ダーウェント湖

Grasmere
グラスミア

Grasmere
グラスミア湖

Rydal Water
ライダル湖

Ambleside
アンブルサイド

Far Sawrey
ファー・ソーリー

Windermere
ウィンダミア湖

Windermere
ウィンダミア

Hawkshead
ホークスヘッド

Coniston
コニストン

Esthwaite Water
エスウェイト湖

Bowness-on-Windermere
ボウネス・オン・ウィンダミア

Coniston Water
コニストン湖

Near Sawrey
ニア・ソーリー

Lakeside
レイクサイド

Haverthwait
ハーバースウェイト

THE TALE OF PETER RABBIT

ピーターラビットのおはなし

TRACK 01

ONCE UPON A TIME there were four little Rabbits, and their names were—

Flopsy,

Mopsy,

Cotton-tail,

and Peter.

They lived with their Mother in a sand-bank, underneath the root of a very big fir-tree.

"Now, my dears," said old Mrs. Rabbit one morning, "you may go into the fields or down the lane, but don't go into Mr. McGregor's garden.

"Your Father had an accident there; he was put in a pie by Mrs. McGregor.

■ tale：物語［「おはなし」に当たる英語に story ではなく tale を使っているのは、tail（動物のしっぽ）との掛け言葉であるため。このタイトルには、ほんわかした柔らかいイメージがあり、作者ビアトリクス・ポターの動物への愛情が感じられる］　■ once upon a time：むかしむかしあるところに［おとぎ話や童話の出だしの決まり文句］　■ sand-bank：砂の穴［本来の意味は「砂州」で、「bank」は土手のこと］　■ underneath：…の下の（に、を）、…の下側の（に、を）［under よりも「覆われて、隠れて」の意が強調される］
■ fir-tree：モミの木［現代英語ではハイフンを入れないことが多い］　■ down the lane：森の中で［直訳だと「小道の下」となるが、down は必ずしも「下る」や「下」を意味せず「周辺」を指す。うさぎ穴は森の中にあり、お母さんうさぎは子うさぎに「うさぎ穴の周辺で遊んでいなさい」という意味で down the lane を使ったと考えられるため、「森の中で」とした。同じ例として、It's just down the street. は「すぐそこです」の意味］

"Now run along, and don't get into mischief. I am going out."

Then old Mrs. Rabbit took a basket and her umbrella, and went through the wood to the baker's. She bought a loaf of brown bread and five currant buns.

Flopsy, Mopsy and Cotton-tail, who were good little bunnies, went down the lane to gather blackberries;

■ get into mischief：イタズラをする［mischief は「イタズラ、悪さ」］　■ baker's：パン屋［baker は「パン職人」］　■ a loaf of brown bread：ブラウンブレッド一斤(きん)［brown bread はかつて「黒パン」と訳されていたが、現在では日本のパン屋さんでも「ブラウンブレッド」と呼ぶようになった。loaf は、四角や細長い形の大きめの食パンのこと］
■ currant bun：干しブドウ入りのパン、ブドウパン［イギリスでは、bun は小さくて丸い形の菓子パンを指す。currant bun はその典型］

But Peter, who was very naughty, ran straight away to Mr. McGregor's garden, and squeezed under the gate!

First he ate some lettuces and some French beans; and then he ate some radishes;

And then, feeling rather sick, he went to look for some parsley.

But round the end of a cucumber frame, whom should he meet but Mr. McGregor!

Mr. McGregor was on his hands and knees planting out young cabbages, but he jumped up and ran after Peter, waving a rake and calling out, "Stop thief!"

Peter was most dreadfully frightened; he rushed all over the garden, for he had forgotten the way back to the gate. He lost one of his shoes among the cabbages, and the other shoe amongst the potatoes.

■ rather：主に英 少し、やや　■ naughty：イタズラな、わんぱくな [「行儀の悪い、言うことを聞かない」といった意味もあり、イギリスでは大人に対してもよく使う]　■ squeeze under the gate：門の下を（無理やり）くぐる　■ French bean：英 インゲン豆 [イギリスでは kidney bean = French bean]　■ cucumber frame：キュウリの苗床 [frame の本来の意味は「枠組、枠」。直訳なら「キュウリの枠組」となるが、苗床（seed bed）や温床（hotbed）と考えるのが適当]　■ whom should he meet but Mr. McGregor：直訳は「いったい誰に会ったというのでしょう。マグレガーさんしかいません」[仮定法。疑問詞＋should で「いったい…」という驚きを表し、反語的なニュアンスも含まれる。この but は except（…以外は）という意味の前置詞]　■ on *one's* hands and knees：四つん這いになって　■ rake：熊手　■ Stop thief！：ドロボウだ！[決まり文句。Wait thief! とは言わない]　■ dreadfully：恐ろしく、ひどく [dreadfully frightened（ひどく怖くて）と恐怖を強調]　■ for he had forgotten the way back to the gate：なぜなら、ピーターは木戸へ戻る道を忘れてしまっていたからです [過去完了形]　■ amongst：英 …の間に（を、で）、…の中に（を）[イギリスで使われているやや古い言い方。among と同義]

After losing them, he ran on four legs and went faster, so that I think he might have got away altogether if he had not unfortunately run into a gooseberry net, and got caught by the large buttons on his jacket. It was a blue jacket with brass buttons, quite new.

Peter gave himself up for lost, and shed big tears; but his sobs were overheard by some friendly sparrows, who flew to him in great excitement, and implored him to exert himself.

Mr. McGregor came up with a sieve, which he intended to pop upon the top of Peter; but Peter wriggled out just in time, leaving his jacket behind him,

■ altogether：完全に、すっかり [直前の get away（逃げる）を強調している]
■ gooseberry：西洋スグリ　■ brass button：金ボタン [brass の直訳は「真鍮」だが、当時のボタンは真鍮に金メッキが施されていたと考えられる]　■ quite：かなり、とても　■ give *oneself* up for lost：（自分は）もうダメだとあきらめる [They gave him up for lost.「彼が死んだものとあきらめた」のように、give のあとに him や her を入れる場合もある]　■ shed：（涙を）流した [shed（流す）の過去形。活用は shed-shed-shed]　■ sob：むせび泣き　■ overhear：ふと耳にする　■ sparrow：スズメ　■ in excitement：興奮して　■ implore *someone* to ...：…をしてくれるよう（人に）頼む　■ exert *oneself*：努力する　■ sieve：ふるい　■ intend to ...：…をするつもりである　■ pop：…を突然置く [pop upon the top of Peter のリズミカルな音に注目]　■ wriggle out：体をくねらせて出る

And rushed into the tool-shed, and jumped into a can. It would have been a beautiful thing to hide in, if it had not had so much water in it.

Mr. McGregor was quite sure that Peter was somewhere in the tool-shed, perhaps hidden underneath a flower-pot. He began to turn them over carefully, looking under each.

Presently Peter sneezed—"Kertyschoo!" Mr. McGregor was after him in no time, and tried to put his foot upon Peter, who jumped out of a window, upsetting three plants. The window was too small for Mr. McGregor, and he was tired of running after Peter. He went back to his work.

■ tool-shed:物置小屋（= toolshed） ■ can:ここでは「ジョウロ」のこと [後出のwater-canも同義] ■ hidden:隠れた ■ flower-pot:植木鉢 ■ presently:やがて、ほどなく [文頭や文尾で使う] ■ sneeze:くしゃみをする ■ kertyschoo:（くしゃみの音の）くしゅん [くしゃみの「ハックション」には、通常ahchooやatchooを使う。作者の造語と考えられる] ■ in no time:すぐに、あっという間に ■ upset:ひっくり返す ■ be tired of ...:…にうんざりしている

Peter sat down to rest; he was out of breath and trembling with fright, and he had not the least idea which way to go. Also he was very damp with sitting in that can.

After a time he began to wander about, going lippity—lippity—not very fast, and looking all around.

He found a door in a wall; but it was locked, and there was no room for a fat little rabbit to squeeze underneath.

An old mouse was running in and out over the stone door-step, carrying peas and beans to her family in the wood. Peter asked her the way to the gate, but she had such a large pea in her mouth that she could not answer. She only shook her head at him. Peter began to cry.

■ be out of breath：息を切らす　■ tremble with fright：恐怖のため震える
■ had not the least idea：まったくわからなかった　■ damp：湿った
■ lippity：「ぴょこん、ひょこたん」という音を表す言葉 [こちらも作者の造語]
■ there is no room for …：…のスペースはない [この場合の room は「部屋」ではなく、「スペース、空間」のこと]　■ mouse：はつかねずみ [rat より小型のねずみを指す。欧米の家ねずみは mouse]　■ in and out over the stone door-step：直訳は「石のドアの上り段の上を出たり入ったり」[ねずみが、ドアの下のわずかな隙間を出たり入ったりしているさま。in and out は「出たり入ったり」、door-step は「玄関の上り段」]
■ peas and beans：えんどう豆とインゲン豆 [bean は「そら豆」などを指すこともある]

TRACK 07

Then he tried to find his way straight across the garden, but he became more and more puzzled. Presently, he came to a pond where Mr. McGregor filled his water-cans. A white cat was staring at some gold-fish; she sat very, very still, but now and then the tip of her tail twitched as if it were alive. Peter thought it best to go away without speaking to her; he had heard about cats from his cousin, little Benjamin Bunny.

■ puzzled：困った、当惑した　■ stare at ...：…をじっと見つめる
■ gold-fish：金魚　■ still：静かな、じっとした、静止した [she sat very, very still は、じっとしていることが強調された表現。she = a white cat]　■ now and then：ときどき　■ tip：先、先端　■ twitch：ピクピク動く　■ as if it were alive：まるで生きているかのように [as if ... は「まるで…であるかのように」という意味の仮定法。it = the tip of her tail]　■ cousin：いとこ

He went back towards the tool-shed, but suddenly, quite close to him, he heard the noise of a hoe—scr-r-ritch, scratch, scratch, scritch. Peter scuttered underneath the bushes.

But presently, as nothing happened, he came out, and climbed upon a wheelbarrow, and peeped over. The first thing he saw was Mr. McGregor hoeing onions. His back was turned towards Peter, and beyond him was the gate!

Peter got down very quietly off the wheelbarrow, and started running as fast as he could go, along a straight walk behind some black-currant bushes.

■ towards：英…のほうへ［イギリス英語では toward より towards をよく使う］
■ hoe：くわ（で耕す）　■ scr-r-ritch, scratch, scratch, scritch：サクッ、サクッ、サクッ、サクッ［「引っかいて掘る」という意味の scratch を、独特の擬音語として使った作者の造語と考えられる］　■ scutter：英ちょこちょこ走る［一般には scurry のほうをよく使う］　■ bush：潅木（の茂み）、tree よりも低い木　■ wheelbarrow：手押し車　■ peep：こっそり見る、のぞく［ここでは peep over となっているので、「こっそりとあたりを見回す」］　■ His back was turned towards Peter：直訳は「マグレガーさんの背中はピーターのほうを向いていました」　■ black-currant：黒スグリ
■ catch sight of ...：…を見つける　■ hung up ...：…を掛けた［hung は hang（つるす）の過去形。活用は hang-hung-hung］　■ scarecrow：かかし　■ frighten：（おどして）追い払う　■ blackbird：クロウタドリ、ハゴロモガラス

Mr. McGregor caught sight of him at the corner, but Peter did not care. He slipped underneath the gate, and was safe at last in the wood outside the garden.

Mr. McGregor hung up the little jacket and the shoes for a scarecrow to frighten the blackbirds.

Peter never stopped running or looked behind him till he got home to the big fir-tree.

He was so tired that he flopped down upon the nice soft sand on the floor of the rabbit-hole, and shut his eyes. His mother was busy cooking; she wondered what he had done with his clothes. It was the second little jacket and pair of shoes that Peter had lost in a fortnight!

I am sorry to say that Peter was not very well during the evening.

His mother put him to bed, and made some camomile tea; and she gave a dose of it to Peter!

"One table-spoonful to be taken at bed-time."

But Flopsy, Mopsy, and Cotton-tail had bread and milk and blackberries for supper.

THE END

■ flop down：がっくり（ばったり）と座り（倒れ）込む　■ be busy *do*ing：…するのに忙しい　■ wonder：…だろうと思う　■ fortnight：英 2 週間［イギリス的な英語表現のひとつ。「14 夜」が原義といわれている］　■ camomile：英 カモミール、カミツレ［米語では chamomile と書く］　■ dose：（飲み薬の）服用量の 1 回分　■ table-spoonful：= tablespoon、テーブルスプーン（大さじ）のこと［テーブルスプーン（大さじ）1 杯分はティースプーン（小さじ）3 杯分に相当］

訳 THE TALE OF PETER RABBIT
ピーターラビットのおはなし

TRACK 01

　むかしむかしあるところに、フロプシー、モプシー、カトンテール、ピーターという名前の、4匹の小さなうさぎがいました。
　4匹はお母さんと一緒に、とっても大きなモミの木の根元にある、砂の穴の中に住んでいました。
　ある朝、お母さんが言いました。
「さあ、こどもたち、野原か森の中で遊んできなさい。でもね、農家のマグレガーさんの畑にだけは行っちゃダメよ。
　あなたたちのお父さんはあそこで捕まって、マグレガーさんの奥さんにパイにされちゃったんだから」

TRACK 02

「さあ、行ってらっしゃい。だけどイタズラはしちゃダメよ。お母さんは出かけてきますからね」
　それからお母さんは買い物かごとカサを持ち、森を通り抜けて、パン屋さんに出かけました。そこでブラウンブレッドを一斤(きん)とブドウパンを5個買いました。
　フロプシー、モプシー、カトンテールは良い子だったので、森の中へブラックベリーを摘みに行きました。

TRACK 03

　でもピーターはすごくイタズラっ子だったので、いちもくさんにマグレガーさんの畑に走っていくと、木戸の下から無理矢理もぐり込みました。
　最初にピーターはレタスを何枚かとインゲン豆をいくつか食べ、さらにハッカダイコンを何本か食べました。

そうこうしているうちに、なんだか気持ちが悪くなってきたので、パセリを探しに行きました。
　けれど、キュウリの苗床の角を曲がったところで、なんとマグレガーさんとバッタリ出くわしてしまったのです！

　マグレガーさんは、ちょうど四つん這いになって、キャベツの苗を植えているところでした。ピーターを見ると飛び上がって、熊手を振り上げ、「ドロボウ〜、止まれ！」と叫びながら追いかけてきました。
　ピーターは、怖くて怖くて畑じゅうを逃げ回りました。なぜなら、木戸へ戻る道を忘れてしまったからです。その間に片方の靴をキャベツ畑で落とし、もう一方の靴をジャガイモ畑でなくしてしまいました。

TRACK
04

　靴がなくなってしまったので、ピーターは4本の足で走りました。すると速く走れたので、私はピーターがうまく逃げ出せるかもしれないと思いました。ところが運の悪いことに、西洋スグリの木にかけてあった網に、ピーターの上着の大きなボタンがひっかかってしまったのです。その上着は青くて、大きな金ボタンが付いているまだ新しいものでした。

　ピーターはもうダメだとあきらめ、大粒の涙を流しました。ところがそのとき、ピーターの泣き声を聞きつけた親切なスズメたちが、びっくりして飛んできたのです。そして、ピーターに頑張って逃げるよう励ましてくれました。
　そこへマグレガーさんがふるいを持ってやって来て、ピーターの上にふるいをポンとかぶせようとしました。まさにその瞬間、ピーターは上着を脱ぎ捨て、体をくねらせながら逃げ出したのです。

TRACK 05

　それからピーターは物置に逃げ込み、ジョウロの中に飛び込みました。そこに水がたくさん入っていなければ、隠れるには絶好の場所だったのですけれど。

　マグレガーさんは、「あいつは物置のどこかに必ずいるはずだ。たぶん植木鉢の下にでも隠れているに違いない」と思いました。そこで、植木鉢を一つひとつ注意深くひっくり返しながら確認し始めました。

　やがてピーターが「くしゅん」とくしゃみをすると、マグレガーさんはあっという間にピーターのところへやって来ました。そしてピーターを足で踏みつけようとしましたが、ピーターは植木鉢を3つひっくり返すと、窓から飛び出しました。その窓はマグレガーさんにはあまりに小さ過ぎ、ピーターを追いかけ回すのにうんざりしていたマグレガーさんは、畑に戻っていきました。

TRACK 06

　ピーターは座って休みました。息は切れ、怖くてブルブル震えていました。まだどこに逃げたらよいのかもまったく見当もつきません。しかもジョウロの中に入っていたので、体がびしょびしょでした。

　やがてピーターは、あてもなく歩き始めました。ぴょこん、ぴょこんとあまり急がず、周囲を注意深く見渡しながら歩いていきました。

　そのうちピーターは、石塀のところにドアがあるのを見つけました。でもそのドアには鍵がかかっていて、ドアの下には太った子うさぎがギリギリ通り抜けるスキマすらありませんでした。

　すると、1匹の年とったねずみが、ドアの下を出たり入ったりしながら、森に住んでいる家族のもとに、えんどう豆やインゲン豆を運んでいました。ピーターはねずみに木戸はどちらの

方向にあるのか尋ねましたが、ねずみは大きな豆を口にくわえていたので、答えることができませんでした。ただピーターに向かって首を横に振っただけ。ピーターは泣き出してしまいました。

TRACK 07

それからピーターは出口を探そうと、畑をまっすぐに突っ切り反対側に行こうとしましたが、ますますどこにいるのかわからなくなってしまいました。そうこうするうちに、よくマグレガーさんがジョウロの水をくみに来る池のそばに出ました。すると白ねこがちょうど金魚を狙っているところでした。ねこはピクリともせずにじっと座っていましたが、ときどきしっぽの先だけが生きているかのようにピクピク動いていました。ピーターはねこには話しかけないで、そのまま行ったほうがいいと思いました。いとこのベンジャミン・バニーから、ねこのことを聞いていたからです。

TRACK 08

ピーターは物置のほうに戻り始めましたが、突然サクッ、サクッ、サクッ、サクというくわの音が聞こえてきたので、急いで潅木(かんぼく)の茂みに逃げ込みました。

けれど、特に何も起こらなかったので、木の下からはい出ると手押し車に乗って、こっそりとあたりを見回しました。最初に見えたのが、タマネギ畑を耕しているマグレガーさんの姿でした。マグレガーさんはピーターのいる場所とは反対方向を向いていましたが、その向こうに木戸があったのです！

ピーターは注意深く静かに手押し車から下りると、黒スグリの生垣沿いの道をいちもくさんに木戸に向かって走り出しました。

角を曲がったとたん、マグレガーさんに見つかってしまいましたが、ピーターはそんなことにかまってはいられません。木戸の下をくぐり抜けると、やっと安全な畑の外の森のほうへ逃げ出すことができました。
　マグレガーさんは、クロウタドリを追い払うために作ったかかしに、ピーターの小さな上着を着せ、靴を履かせました。

TRACK 09

　ピーターは、大きなモミの木の下にある家に着くまで、後ろも振り返らず、一度も止まらずに走り続けました。
　ピーターはあまりにも疲れていたので、うさぎ穴の柔らかい砂の上にバタリと横になると目をつぶりました。お母さんはちょうどご飯の支度で忙しくしているところでしたが、「ピーターったら服をどこに置いてきたのかしら？」と思っていました。というのも、この2週間でピーターが、上着2枚と靴を2足もなくしてきたからです！

　かわいそうにピーターはその晩ずっと具合が良くありませんでした。
　お母さんはピーターを寝かすとカモミールティーを煎じ、それをお薬1回分として飲ませました。
「寝る前に大さじ1杯ね」
　けれど、フロプシー、モプシー、カトンテールは、パンとミルクとブラックベリーを晩ご飯にいただきました。

おしまい

THE TALE OF BENJAMIN BUNNY

ベンジャミン バニーのおはなし

ONE MORNING a little rabbit sat on a bank. He pricked his ears and listened to the trit-trot, trit-trot of a pony.

A gig was coming along the road; it was driven by Mr. McGregor, and beside him sat Mrs. McGregor in her best bonnet.

As soon as they had passed, little Benjamin Bunny slid down into the road, and set off — with a hop, skip and a jump — to call upon his relations, who lived in the wood at the back of Mr. McGregor's garden.

■ prick (up) one's ears:（動物が）耳をピンと立てる [prick の本来の意味は「ちくりと刺す」] ■ trit-trot, trit-trot:「パカパカ、パカパカ」という音を表す言葉 [trot の本来の意味は「馬が速足で進む、急ぎ足」。trit-trot と擬音化したのは、作者の造語と考えられる] ■ pony：馬 [horse は一般的な「馬」、pony はやや小型の馬のこと。仔馬ではないので注意] ■ gig：馬車 [一頭立ての幌なし二輪馬車]
■ best bonnet：よそゆきのボンネット帽 [bonnet は、あごの下でひもやリボンを結ぶ婦人帽の一種。best がついているため、「一番良い（高い）＝よそゆきの帽子」のこと]
■ slid：滑った [slide（滑る）の過去形。活用は slide-slid-slid] ■ set off：出発した [ここでは過去形。活用は set-set-set] ■ a hop, skip and a jump：ホップ、スキップ、ジャンプ [hop、skip、jump のどれもが「跳ぶこと」を指す名詞で、スポーツ用語では「三段跳び」を表す。3つをつなげて使うことで、「跳ぶ」意味を強調] ■ call upon：英 ちょっと訪れる [イギリスでよく使われる表現のひとつ] ■ relation：親戚

That wood was full of rabbit-holes; and in the neatest sandiest hole of all, lived Benjamin's aunt and his cousins— Flopsy, Mopsy, Cotton-tail and Peter.

Old Mrs. Rabbit was a widow; she earned her living by knitting rabbit-wool mittens and muffetees (I once bought a pair at a bazaar). She also sold herbs, and rosemary tea, and rabbit-tobacco (which is what *we* call lavender).

Little Benjamin did not very much want to see his Aunt.

He came round the back of the fir-tree, and nearly tumbled upon the top of his Cousin Peter.

Peter was sitting by himself. He looked poorly, and was dressed in a red cotton pocket-handkerchief.

"Peter," —said little Benjamin, in a whisper—"who has got your clothes?"

■ neat：片付いた　■ sandy：砂だらけの　■ widow：未亡人
■ earn *one's* living by …：…して（人の）生計を立てる　■ mitten：（親指だけ離れた）手袋、ミトン［指が全部ある手袋は glove］　■ muffetee：英 マフ［両手を入れて温める筒形の防寒具］　■ herb：ハーブ薬［そのまま「ハーブ」とすると、薬としての効能がわかりにくくなってしまうため、和訳ではあえて「ハーブ薬」とした］　■ rabbit-tobacco：うさぎたばこ［英文にもあるように、ラベンダーを指す］
■ nearly：もう少しで　■ tumble：つまずいて転ぶ［ここは tumble upon … で「…の上に転ぶ、倒れる」］　■ pocket-handkerchief：英 小さいハンカチ［「ポケットに入れておくハンカチ」を意味する少し古い言い方］　■ in a whisper：ひそひそ声で［= in whispers］　■ chase：追い回す　■ assure：（自信をもって）保証する［assure を使うことで、マグレガー夫妻が出かけるところを見たベンジャミンが、2人は終日帰ってこないと確信しているニュアンスになる］

Peter replied—"The scarecrow in Mr. McGregor's garden," and described how he had been chased about the garden, and had dropped his shoes and coat.

Little Benjamin sat down beside his cousin, and assured him that Mr. McGregor had gone out in a gig, and Mrs. McGregor also; and certainly for the day, because she was wearing her best bonnet.

TRACK 12

Peter said he hoped that it would rain.

At this point, old Mrs. Rabbit's voice was heard inside the rabbit-hole, calling—"Cotton-tail! Cotton-tail! fetch some more camomile!"

Peter said he thought he might feel better if he went for a walk.

They went away hand in hand, and got upon the flat top of the wall at the bottom of the wood. From here they looked down into Mr. McGregor's garden. Peter's coat and shoes were plainly to be seen upon the scarecrow, topped with an old tam-o-shanter of Mr. McGregor's.

Little Benjamin said, "It spoils people's clothes to squeeze under a gate; the proper way to get in, is to climb down a pear tree."

Peter fell down head first; but it was of no consequence, as the bed below was newly raked and quite soft.

■ at this point：そのとき　■ fetch：英行ってとってくる [fetch は "go and get" や "go and bring"（「行って」「とる、持ってくる」）という2つの動作を含む動詞]
■ go for a walk：散歩に行く　■ hand in hand：手をつないで
■ flat：平らな　■ at the bottom of the wood：森の一番奥に
■ were plainly to be seen：質素に（地味に）見えた [ピーターの服と靴が汚れて「みすぼらしく」なっているという意味]　■ tam-o-shanter：タモシャンター [伝統的なスコットランドベレーを指す19世紀の呼び名。本書では単に「ベレー帽」とした]　■ spoil：台なしにする　■ proper：適切な　■ pear tree：梨の木
■ it is of no consequence：まったく重要ではない [consequence は「重要さ、大切さ」]　■ bed：畑、苗床　■ newly：新たに、最近　■ rake：(土地などを) ならす [名詞なら「熊手」の意]

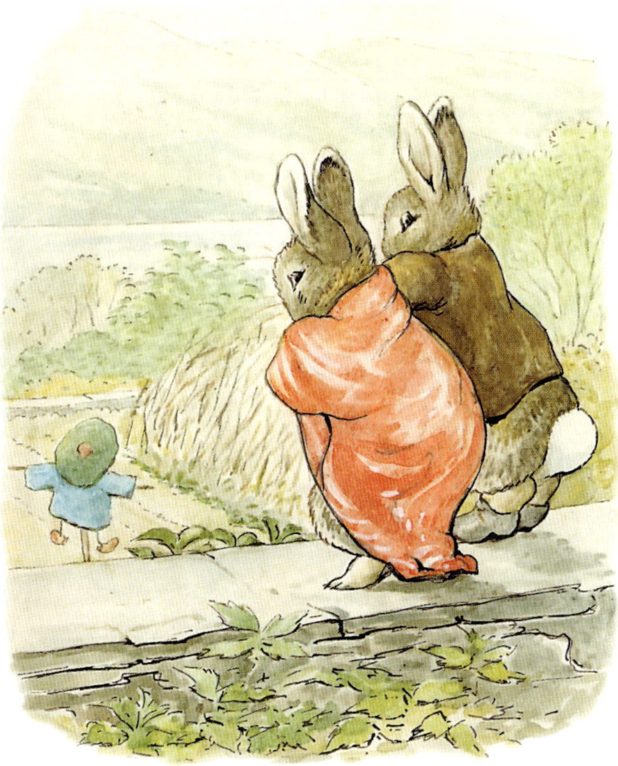

It had been sown with lettuces.

They left a great many odd little foot-marks all over the bed, especially little Benjamin, who was wearing clogs.

Little Benjamin said that the first thing to be done was to get back Peter's clothes, in order that they might be able to use the pocket-handkerchief.

They took them off the scarecrow. There had been rain during the night; there was water in the shoes, and the coat was somewhat shrunk.

Benjamin tried on the tam-o-shanter, but it was too big for him.

Then he suggested that they should fill the pocket-handkerchief with onions, as a little present for his Aunt.

Peter did not seem to be enjoying himself; he kept hearing noises.

■ had been sown with ... : …の種がまかれていた［過去完了形。sown は sow（種をまく）の過去分詞形で、活用は sow-sowed-sown］　■ odd：変てこな、奇妙な　■ foot-mark：足跡（= footmark）　■ clog：木靴
■ in order that ... : …するために、= so that［ここでは、「ハンカチを使えるようにするために、ピーターの服をまず取り戻そう」という意味］　■ was shrunk：縮んでいた［shrunk は shrink（縮ませる）の過去分詞形。活用は shrink-shrunk-shrunk］
■ somewhat：いくぶん、多少　■ fill ... with 〜：…を〜でいっぱいにする　■ enjoy *oneself*：愉快に過ごす、楽しく過ごす

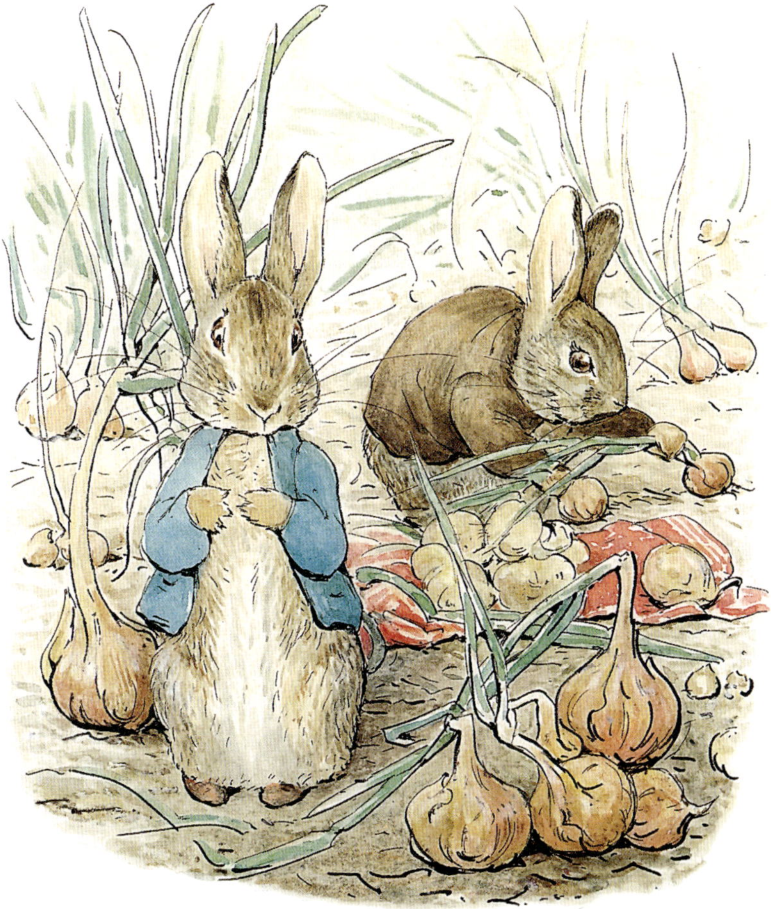

TRACK 14

Benjamin, on the contrary, was perfectly at home, and ate a lettuce leaf. He said that he was in the habit of coming to the garden with his father to get lettuces for their Sunday dinner.

(The name of little Benjamin's papa was old Mr. Benjamin Bunny.)

The lettuces certainly were very fine.

Peter did not eat anything; he said he should like to go home. Presently he dropped half the onions.

■ on the contrary：それとは反対に、これに反して　■ perfectly：すっかり　■ be in the habit of *do*ing：…する習慣がある　■ Sunday dinner：サンデーディナー［「サンデーディナー」とは日曜日にいただくごちそうのこと。昔のイギリスでは、dinner とは夕食のことではなく、1日の中で一番重い食事のことを指した。つまり、この物語に出てくる「サンデーディナー」とは、現在の「サンデーランチ」に当たると考えられる。当時のイギリスでは、日曜日に教会へ行ったあと、ロースト料理を食べることが多く、これをサンデーディナーと呼んでいた］　■ Mr. Benjamin Bunny：ベンジャミン・バニー氏［息子に同じ名前をつけることが多い欧米では、息子には junior をつけたりするケースもあるが、ここでは little と Mr. で区別している］

TRACK 15

Little Benjamin said that it was not possible to get back up the pear tree, with a load of vegetables. He led the way boldly towards the other end of the garden. They went along a little walk on planks, under a sunny red-brick wall.

The mice sat on their door-steps cracking cherry-stones; they winked at Peter Rabbit and little Benjamin Bunny.

Presently Peter let the pocket-handkerchief go again.

They got amongst flower-pots, and frames and tubs; Peter heard noises worse than ever, his eyes were as big as lolly-pops!

He was a step or two in front of his cousin, when he suddenly stopped.

■ get back：帰る、戻る　■ load：荷（物）　■ led：（先に立って）行った [lead（先導する、導く）の過去形。活用は lead-led-led]　■ boldly：大胆に　■ plank：板材 [ここでは道に敷かれた板材ということで、「木道」とした]　■ sunny：明るく日が差す（照る）、日当たりの良い　■ red-brick wall：赤レンガ塀　■ mice：mouse の複数形　■ crack：割る　■ cherry-stone：サクランボの種（= cherrystone）　■ wink：まばたきする　■ frame:苗床の枠 [15 ページ参照]　■ tub：おけ、たらい　■ lolly-pop：棒付きキャンディー（= lollipop）[ここでは「棒付きキャンディー」より、「飴玉」と考えたほうが自然]　■ a step or two：1、2 歩

THE TALE OF BENJAMIN BUNNY

TRACK
16

This is what those little rabbits saw round that corner!

Little Benjamin took one look, and then, in half a minute less than no time, he hid himself and Peter and the onions underneath a large basket . . .

The cat got up and stretched herself, and came and sniffed at the basket.

Perhaps she liked the smell of onions!

Anyway, she sat down upon the top of the basket.

■ take one look：一目見る　■ in half a minute less than no time：あっという間に［「ただちに」を意味する慣用句 (in a minute、in less than no time)を両方使い、minute に half を付けることで、さらに時間が短いことを表している。「すぐに」の意味に切迫感が加味された表現］　■ hid *oneself*：自分自身の姿を隠した、隠れた [hid は hide (隠す) の過去形。活用は hide-hid-hidden (hid)]
■ stretch *oneself*：体を伸ばす、伸びをする　■ sniff at ...：…のにおいをクンクンかぐ

43

She sat there for *five hours*.

*

I cannot draw you a picture of Peter and Benjamin underneath the basket, because it was quite dark, and because the smell of onions was fearful; it made Peter Rabbit and little Benjamin cry.

The sun got round behind the wood, and it was quite late in the afternoon; but still the cat sat upon the basket.

At length there was a pitter-patter, pitter-patter, and some bits of mortar fell from the wall above.

The cat looked up and saw old Mr. Benjamin Bunny prancing along the top of the wall of the upper terrace.

He was smoking a pipe of rabbit-tobacco, and had a little switch in his hand.

He was looking for his son.

■ draw a picture：絵を描く　■ make *someone* cry：（人を）泣かせる　■ at length：そうこうしている間に [「ついに、やっと、長い間」などの意味がある]　■ pitter-patter：ピタパタ、ピタパタ [擬音語]　■ mortar：モルタル [レンガや石の接合、壁塗りなどに使う建築材]　■ looked up and saw …：顔を上げると…がわかった [look up は「見上げる」、see は「わかる、理解する」という意味]　■ prance：（誇らしげに）歩く　■ along the top of the wall of the upper terrace：石塀の上を　■ switch：小枝、小枝のむち

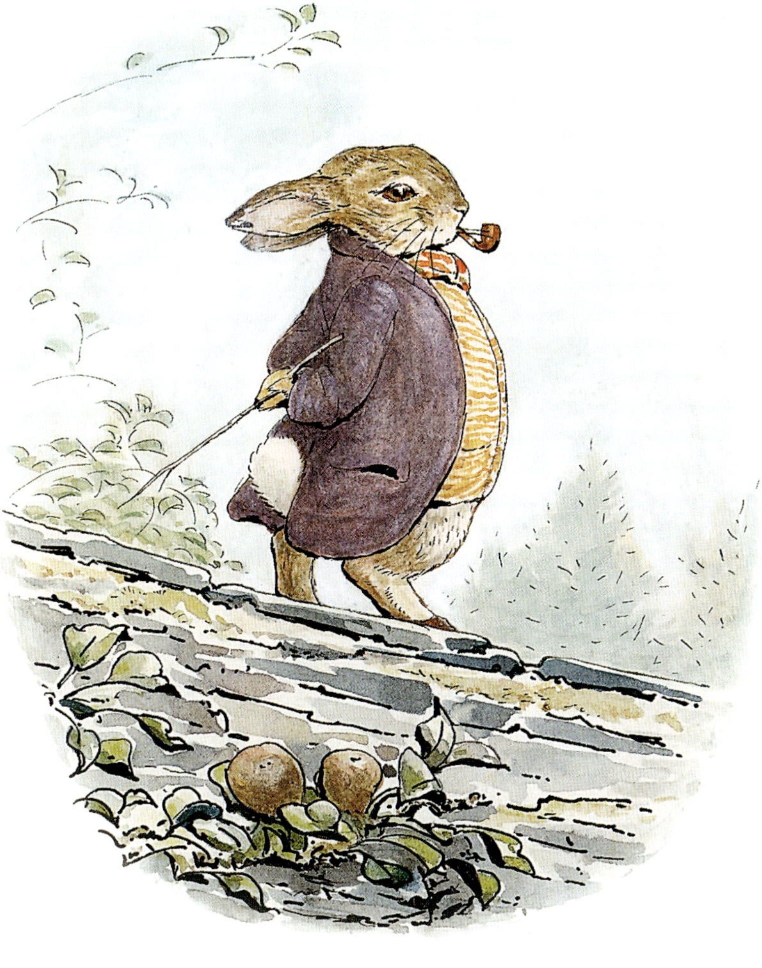

TRACK 18

Old Mr. Bunny had no opinion whatever of cats.

He took a tremendous jump off the top of the wall on to the top of the cat, and cuffed it off the basket, and kicked it into the green-house, scratching off a handful of fur.

The cat was too much surprised to scratch back.

When old Mr. Bunny had driven the cat into the green-house, he locked the door.

Then he came back to the basket and took out his son Benjamin by the ears, and whipped him with the little switch.

Then he took out his nephew Peter.

Then he took out the handkerchief of onions, and marched out of the garden.

■ have no opinion whatever of ...：…にまったく関心がない
■ tremendous：とても大きい、ものすごい　■ cuff ...：…を平手で打つ
■ green-house：温室　■ scratch off ...：…をむしりとる、はがしとる
■ a handful of ...：ひとつかみの…、ひと握りの…　■ fur：毛、柔らかい毛　■ too ... to ～：あまりに…なので～できない　■ had driven the cat into the green-house：ねこを温室に追い払った [driven は drive（追い立てる）の過去分詞形。活用は drive-drove-driven]　■ whip：打つ、ぶつ
■ nephew：おい　■ march：（堂々と）歩く

When Mr. McGregor returned about half an hour later, he observed several things which perplexed him.

It looked as though some person had been walking all over the garden in a pair of clogs—only the foot-marks were too ridiculously little!

Also he could not understand how the cat could have managed to shut herself up *inside* the green-house, locking the door upon the *outside*.

When Peter got home, his mother forgave him, because she was so glad to see that he had found his shoes and coat. Cotton-tail and Peter folded up the pocket-handkerchief, and old Mrs. Rabbit strung up the onions and hung them from the kitchen ceiling, with the bunches of herbs and the rabbit-tobacco.

THE END

■ observe ...：…ということに気づく　■ perplex：当惑させる、悩ます［ここでは「理解できない」とした］　■ ridiculously：途方もなく、ばかばかしいほど　■ manage to ...：なんとかして…する、困ったことをする
■ shut up：閉じ込める　■ fold up：折りたたむ、たたむ　■ strung：束ねた［string（束ねる）の過去形。活用は string-strung-strung］　■ bunch：（同じ種類の物の）束

| 訳 |

THE TALE OF BENJAMIN BUNNY
ベンジャミン バニーのおはなし

TRACK **10**

ある朝、小さなうさぎが土手の上に座っていました。

小うさぎは耳をピクピクさせて、パカパカ、パカパカと歩いてくる馬の足音を聞いていました。

馬車が道の向こうからやって来ました。馬車の手綱を握っていたのはマグレガーさんで、その隣にはマグレガーさんの奥さんが、よそゆきのボンネット帽をかぶって座っていました。

馬車が行ってしまうやいなや、ベンジャミン・バニーは土手から道へと滑り降り、親戚の家に行こうと、《ホップ、スキップ、ジャンプ》と、ぴょんぴょん跳びながら出かけました。親戚のうさぎたちは、マグレガーさんの畑の裏手にある森に住んでいたのです。

TRACK **11**

その森にはうさぎ穴がたくさんありました。中でも一番きちんと片付いていて、一番砂っぽいうさぎ穴に、ベンジャミンのおばさんと、いとこのフロプシー、モプシー、カトンテールとピーターが住んでいました。

おばさんは未亡人でした。そのため、うさぎの毛の手袋や防寒用のマフを編んで生計を立てていました（私も一度バザーで一組買ったことがあります）。またおばさんは、ハーブ薬やローズマリーティー、うさぎたばこも売っていました（うさぎたばこというのは、私たち人間がラベンダーと呼んでいるハーブのことです）。

ベンジャミンはおばさんにはあまり会いたくありませんでした。

そこで、モミの木の後ろに回ると、もう少しでいとこのピーターにつまずいて転びそうになりました。
　ピーターはそこにひとりで座っていました。いかにも元気がなさそうに見え、赤いコットンのハンカチにくるまっていました。
　「ピーター」。ベンジャミンは小声で話しかけました。「君の服、誰にとられたの？」

　ピーターは「マグレガーさんの畑のかかしにだよ」と答え、自分がどんなふうにマグレガーさんの畑で追い回され、どうして靴と上着を落としたかを説明しました。
　ベンジャミン・バニーは、ピーターのそばに座り、「今、マグレガーさんが馬車で出かけるのを見たばかりだよ。マグレガーさんの奥さんも一緒で、よそゆきのボンネット帽をかぶっていたから、今日はきっと1日帰ってこないんじゃないかな」と言いました。

TRACK 12

　ピーターは「それじゃ今日は雨でも降ればいいのに」と言いました。
　そのとき、「カトンテール、カトンテール。ハーブ薬にするカモミールをとってきてちょうだい」というお母さんの声がうさぎ穴から聞こえてきました。
　ピーターは「散歩にでも出かけたほうが、気分が良くなるかもしれないな」と言いました。
　ピーターとベンジャミン・バニーの2匹は、手をつないで出かけ、森の一番奥にある石垣の上に登りました。そこからマグレガーさんの畑が見下ろせるからです。すると、かかしがみすぼらしいピーターの上着を着て靴を履いていました。頭には、マグレガーさんのベレー帽のお古をかぶっていました。

ベンジャミンは、「木戸の下をくぐると服が汚れるよ。梨の木を伝って入るのが一番いい方法だと思うな」と言いました。

ピーターは頭から先に地面に落ちました。でも下の畑がちょうど最近耕したばかりで柔らかかったため、たいしたことはありませんでした。

TRACK 13

そこはレタスの種がまかれたばかりの苗床でした。

2匹は苗床じゅうに変てこな小さい足跡をたくさんつけました。特にベンジャミンの足跡は、木靴を履いていたので、とっても奇妙でした。

ベンジャミンは、「まずピーターの服を取り戻そう」と言いました。そうすれば、ピーターが今着ているハンカチを使えるからです。

そこで、2匹はかかしの服を脱がせました。夜の間に雨が降ったため、靴には水がたまっており、上着はちょっと縮んでいました。

ベンジャミンはベレー帽をかぶってみましたが、大き過ぎました。

それからベンジャミンは、「ハンカチにタマネギをいっぱい入れて、おばさんにプレゼントとして持っていこうよ」と言いました。

でもピーターはなんとなく平常心ではいられませんでした。怖い音がずっと聞こえているような気がしたからです。

TRACK 14

反対にベンジャミンは、まるで家にいるかのようにくつろいで、レタスの葉を1枚食べていました。ベンジャミンは、「お父さんとサンデーディナーに使うレタスをとりに、いつもこの畑に来るんだもの。平気さ」と言いました。

（ベンジャミンのお父さんは、息子と同じ名前なのでベンジャミン・バニー氏と呼ばれていました。）

確かにここのレタスはとてもおいしいものでした。

でも、ピーターは何も食べませんでした。そして「早くおうちに帰ろうよ」と言いました。すぐにピーターはタマネギを半分も落としてしまいました。

TRACK 15

ベンジャミンは、「野菜の荷物を持って梨の木から戻るのは無理だよ」と言いました。すると、大胆にも先頭に立って、畑の向こう側へどんどん歩いて行くではありませんか。2匹は、日の当たる赤レンガ塀のそばに敷かれた木道を歩いていきました。

ねずみたちが、自分の家の前に座って、サクランボの種を割っていましたが、ピーターとベンジャミン・バニーを見ると目をぱちくりさせて挨拶しました。

少し行くと、ピーターはまたハンカチから手を放してしまいました。

2匹が植木鉢や苗床やおけの間に入り込んでしまったとき、ピーターはまたもや怖い音がたくさん聞こえてくるような気になり、目が飴玉のように大きくなりました。

ピーターは1、2歩ベンジャミンの前を歩いていましたが、急に立ち止まりました。

TRACK 16

2匹が角を曲がったとたん、目の前にこんなやつがいたのです！

ベンジャミンはねこを見るやいなや、ピーターとタマネギと一緒に大きなかごの下に隠れました……。

ねこは起き上がって伸びをすると、かごのそばにやって来て

においをクンクンかぎました。
　たぶんこのねこは、タマネギのにおいが好きだったのかもしれませんね！
　それはそうとして、なんとねこはかごの上に登ってそこへ座り込んでしまったのです。

TRACK 17
　それからそこに5時間も座っていました。
＊　＊　＊
　かごの中はとっても暗く、タマネギのにおいもすごく臭かったので、私は、かごの中にいるピーターとベンジャミンを絵に描くことはできません。とにかくピーターとベンジャミンは、タマネギのにおいに泣かされました。
　お日さまが森の向こうに沈み、すでに夕方になっていました。それなのに、まだねこはかごの上に座っています。
　そうこうしている間に、ピタパタ、ピタパタという足音がして、石塀の上からモルタルのかけらが落ちてきました。
　ねこが顔を上げると、ベンジャミン・バニー氏が、石塀の上を悠然と歩いてくるところでした。
　バニー氏はうさぎたばこを詰めたパイプをくわえ、手には小枝を持っていました。
　バニー氏は息子を捜しにきたのです。

TRACK 18
　バニー氏はねこのことなんて何とも思っていませんでした。
　バニー氏は石塀の上からねこの上に大きくジャンプすると、かごに乗っているねこを平手でたたき落としました。さらにねこを温室の中に蹴り入れると、毛をつかんでひとつかみむしりとってしまいました。
　ねこはあまりにも不意打ちをくらったので、バニー氏を引っ

かくことも忘れてしまいました。

　さらにバニー氏はねこを温室に追い詰めると、ドアに鍵をかけて閉じ込めてしまいました。

　かごのところに戻ると、息子のベンジャミンの耳をつかみ、かごの中から引き出して、持っていた小枝でぶちました。

　そのすぐあとで甥のピーターを引き出しました。

　それから、ベンジャミン・バニー氏は、タマネギの入っているハンカチを持つと、畑の中を悠然と歩きながら戻っていきました。

TRACK 19

　それから30分くらいたった頃、家に戻ってきたマグレガーさんは、留守の間に家の中で自分が理解できないことがいくつか起こったことに気がつきました。

　誰かが木靴を履いて畑じゅうを歩き回った形跡があるのです。──ただ、その足跡があまりにも小さく、じつに不思議でした。

　もっと不思議だったのは、なぜねこが温室の中に入り込み、どうやって自分で外からカギをかけたのか──マグレガーさんには、まったくわかりませんでした。

　ピーターが家に帰ると、お母さんはピーターを叱らずに許してくれました。なぜなら、ピーターが上着と靴をとり戻してきたので、とてもうれしかったからです。カトンテールとピーターは、2匹でハンカチをたたみました。そしてお母さんは、タマネギを束ねて、ハーブ薬やうさぎたばこと一緒にキッチンの天井につるしました。

　　　　　　　　おしまい

サンデーディナーの歴史

ディナーは昼食!?　18世紀に生まれた食習慣

　イギリスの伝統的な食習慣のひとつに、Sunday dinnerという食事があります。『ベンジャミン バニーのおはなし』にも出てくるこの言葉。日本語訳では「サンデーディナー」としたので、「日曜の昼食に食べる正餐（正式な料理、ごちそう）」という注釈がなければ、言葉通り「日曜のディナー（夕食）」と誤解してしまうかもしれませんね。

　もともとdinnerは「夕食」ではなく、「1日で最も量が多い豪華な食事」や「1日で最も主となる食事」を指す言葉でした。つまり、昔のイギリスでは、1日で一番量が多かった昼食をdinnerと呼び、軽めの夕食をsupperと呼んでいたのです。supperは、今でも夕食の意味で使われています。『ひげのサムエルのおはなし』（Book 2）にも、このdinnerが出てきますが、昼の食事のことを指しています。

サンデーランチに残る伝統

　現代ではサンデーランチ、ローストディナー、サンデーローストなどと呼ばれるこの食事は、日曜日に教会に行ったあと、お昼に家族が揃って食事をすることに由来し、産業革命時代（18世紀）のイングランド・ヨークシャー地方の習慣にさかのぼります。当時は「サンデーディナー」と呼ばれ、料理としては、ローストビーフとヨークシャープディングが出されることが多かったようです。

　今でもこの料理は、イギリス人にとってのハレの日のごちそうであることに変わりはありません。クリスマスやイースターはもちろん、家族が集まるときに食べる家庭料理が基本です。また、久しぶりに会う友達とおしゃべりしながら、ゆっくり日曜のランチを楽しむときには、ローストビーフとヨークシャープディングでなくても、サンデーランチと呼んでいます。

THE TALE OF SQUIRREL NUTKIN

りすのナトキンのおはなし

THE TALE OF SQUIRREL NUTKIN

TRACK 20

THIS IS A TALE about a tail—a tail that belonged to a little red squirrel, and his name was Nutkin.

He had a brother called Twinkleberry, and a great many cousins; they lived in a wood at the edge of a lake.

In the middle of the lake there is an island covered with trees and nut bushes; and amongst those trees stands a hollow oak-tree, which is the house of an owl who is called Old Brown.

One autumn when the nuts were ripe, and the leaves on the hazel bushes were golden and green—Nutkin and Twinkleberry and all the other little squirrels came out of the wood, and down to the edge of the lake.

■ belong to ... :…のものである　■ red squirrel：赤りす［湖水地方に多く生息する動物で、イギリス国内でも数が減っているため、保護対象となっている］
■ the edge of a lake：湖のほとり　■ nut bush：木の実のなる低木
■ amongst：英…の間に（を、で）、…の中に（を）［イギリスで使われているやや古い言い方。amongと同義］　■ hollow：中が空洞になった
■ oak-tree：オークの木［ナラ、カシ、クヌギ類の総称。落葉樹のナラ類の木を指す］　■ owl：ふくろう　■ ripe：熟した　■ hazel bush：ハシバミの茂み
■ raft：いかだ　■ twig：小枝　■ paddle：（水を）かいでこぐ
■ gather：集める　■ sack：袋　■ oar：オール　■ spread out：広げた［ここは過去形。活用はspread-spread-spread］　■ sail：（船の）帆

They made little rafts out of twigs, and they paddled away over the water to Owl Island to gather nuts.

Each squirrel had a little sack and a large oar, and spread out his tail for a sail.

They also took with them an offering of three fat mice as a present for Old Brown, and put them down upon his doorstep.

Then Twinkleberry and the other little squirrels each made a low bow, and said politely—

"Old Mr. Brown, will you favour us with permission to gather nuts upon your island?"

But Nutkin was excessively impertinent in his manners. He bobbed up and down like a little red *cherry*, singing—

> "Riddle me, riddle me, rot-tot-tote!
> A little wee man, in a red red coat!
> A staff in his hand, and a stone in his throat;
> If you'll tell me this riddle, I'll give you a groat."

Now this riddle is as old as the hills; Mr. Brown paid no attention whatever to Nutkin.

He shut his eyes obstinately and went to sleep.

■ offering：贈り物　■ make a low bow：深くお辞儀をする
■ politely：丁寧に　■ will you favour us with …?：（親切心から）私たちに…をくれませんか？　■ permission:許可　■ excessively:過度に、非常に　■ impertinent：生意気な　■ manners：行儀 [複数形で用いる]
■ bob：上下に動く　■ up and down：上に下に　■ riddle：なぞをかける [動詞]、なぞなぞ [名詞]　■ rot-tot-tote:それぞれ rot「腐ったもの」、tot「小さいこども」、tote「荷物」の意味だが、ここでは歌の調子を整えるためだけの言葉　■ wee：ちっちゃい（小さい）　■ staff：杖、ステッキ
■ throat：のど　■ groat:英昔のイギリスの4ペンス銀貨　■ as old as the hills：「大変古い」という慣用句　■ pay no attention to …：…に興味を示さない [no をとれば逆の意味]　■ whatever：少しの…も [no, any のついた名詞を強調]　■ obstinately：かたくなに

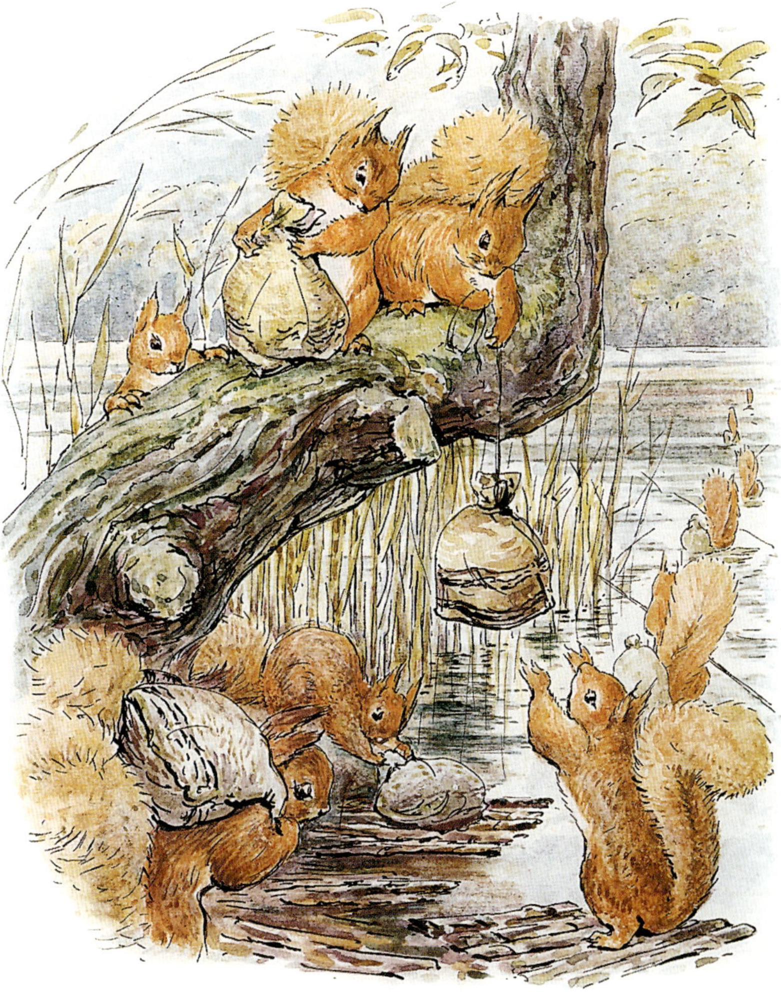

The squirrels filled their little sacks with nuts, and sailed away home in the evening.

But next morning they all came back again to Owl Island; and Twinkleberry and the others brought a fine fat mole, and laid it on the stone in front of Old Brown's doorway, and said—

"Mr. Brown, will you favour us with your gracious permission to gather some more nuts?"

But Nutkin, who had no respect, began to dance up and down, tickling old Mr. Brown with a *nettle* and singing—

> "Old Mr. B! Riddle-me-ree!
> Hitty Pitty within the wall,
> Hitty Pitty without the wall;
> If you touch Hitty Pitty,
> Hitty Pitty will bite you!"

Mr. Brown woke up suddenly and carried the mole into his house.

■ sail away home：舟で家に帰る　■ mole：もぐら　■ laid：置いた [lay（置く）の過去形。活用は lay-laid-laid]　■ doorway：戸口　■ gracious：（目下の者に対して）優しい　■ have no respect：敬意を持たない　■ tickle：くすぐる　■ nettle：（植物）イラクサ　■ Hitty Pitty：チクチク [韻を踏むために作られた語（押韻合成語）]

He shut the door in Nutkin's face. Presently a little thread of blue *smoke* from a wood fire came up from the top of the tree, and Nutkin peeped through the key-hole and sang—

"A house full, a hole full!
And you cannot gather a bowl-full!"

The squirrels searched for nuts all over the island and filled their little sacks.

But Nutkin gathered oak-apples—yellow and scarlet—and sat upon a beech-stump playing marbles, and watching the door of old Mr. Brown.

■ shut the door in *someone's* face：…の目の前でドアを閉める
■ presently：やがて、ほどなく [18ページ参照]　■ thread of blue smoke：糸のような青白い煙、一筋の青白い煙　■ wood fire：薪の火
■ peep：のぞく、こっそり見る　■ key-hole：鍵穴　■ a ... full：…いっぱいの　■ bowl-full：ボウル（お椀）いっぱい（= bowlful）
■ search for ...：…を探す　■ oak-apple：(植物) オーク没食子、虫えい [タマバチなどがオークに産卵・寄生したためにできるこぶのこと]　■ scarlet：真っ赤な　■ beech-stump：ブナの木の切り株　■ play marbles：ビー玉遊びをする

On the third day the squirrels got up very early and went fishing; they caught seven fat minnows as a present for Old Brown.

They paddled over the lake and landed under a crooked chestnut tree on Owl Island.

Twinkleberry and six other little squirrels each carried a fat minnow; but Nutkin, who had no nice manners, brought no present at all. He ran in front, singing—

> "The man in the wilderness said to me,
> 'How many strawberries grow in the sea?'
> I answered him as I thought good—
> 'As many red herrings as grow in the wood.'"

But old Mr. Brown took no interest in riddles—not even when the answer was provided for him.

■ minnow：ミノー［コイ科の小魚］　■ crooked：（物の一部が）曲がった
■ chestnut：クリ　■ wilderness：荒野　■ think good：いいと思う
■ herring：（魚）ニシン　■ take no interest in ...：…に興味がない
■ provide：与える

On the fourth day the squirrels brought a present of six fat beetles, which were as good as plums in *plum-pudding* for Old Brown. Each beetle was wrapped up carefully in a dock-leaf, fastened with a pine-needle pin.

But Nutkin sang as rudely as ever—

> "Old Mr. B! Riddle-me-ree!
> Flour of England, fruit of Spain,
> Met together in a shower of rain;
> Put in a bag tied round with a string,
> If you'll tell me this riddle, I'll give you a ring!"

Which was ridiculous of Nutkin, because he had not got any ring to give to Old Brown.

The other squirrels hunted up and down the nut bushes; but Nutkin gathered robin's pincushions off a briar bush, and stuck them full of pine-needle pins.

■ beetle：(カブトムシなどの) 甲虫 [ここでは甲虫の一種である「ゴミムシ」とした] ■ plum-pudding：英 プラムプディング [「プラム (西洋すもも) が入ったプディング」ではなく、干しブドウなどのドライフルーツやナッツなどをブランデーやラム酒などで漬け込んで作ったお菓子のこと] ■ wrap up：包む ■ dock-leaf：ギシギシ (タデ科の雑草) の葉 ■ fastened with ...：…で留められた ■ pine-needle：松葉 ■ pin：針、ピン ■ as rudely as ever：今までと同じに生意気に ■ flour：小麦粉 ■ string：ひも ■ ridiculous：とんでもない ■ robin's pincushion：バラの虫えい [もともとの意味は、robin が「コマドリ」、pincushion は「針刺し」] ■ briar：(植物) イバラ ■ stuck：突き刺した [stick (刺す) の過去形。活用は stick-stuck-stuck]

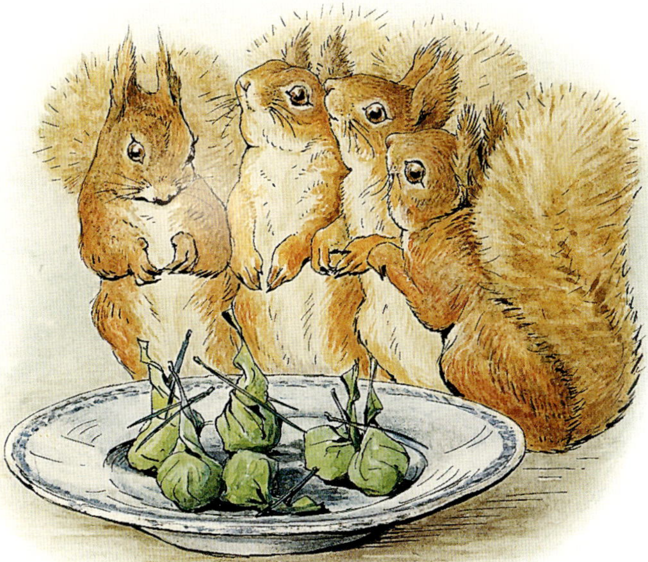

On the fifth day the squirrels brought a present of wild honey; it was so sweet and sticky that they licked their fingers as they put it down upon the stone. They had stolen it out of a bumble *bees*' nest on the tippitty top of the hill.

But Nutkin skipped up and down, singing—

"Hum-a-bum! buzz! buzz! Hum-a-bum buzz!
As I went over Tipple-tine
I met a flock of bonny swine;
Some yellow-nacked, some yellow backed!
They were the very bonniest swine
That e'er went over Tipple-tine."

Old Mr. Brown turned up his eyes in disgust at the impertinence of Nutkin.

But he ate up the honey!

The squirrels filled their little sacks with nuts.

But Nutkin sat upon a big flat rock, and played ninepins with a crab apple and green fir-cones.

■ sticky：ベトベトした　■ lick：なめる　■ bumble bee：(虫) マルハナバチ　■ tippitty：tip（先っちょ、てっぺん）を強調した造語　■ hum-a-bum! buzz!：ハチがブンブン飛ぶ音を表す擬音語 [hum, bum, buzz を使った造語]　■ Tipple-tine：tipple（強い酒）と tine（フォークなどのとがった先）を合わせた語 [ここでは山頂を表しているが、架空の地名ともとれる]　■ flock：(主に羊・ヤギ・鳥などの) 群れ　■ bonny swine：かわいいやつ　■ yellow-nacked：黄色い首をした　■ yellow backed：黄色い背をした　■ e'er：今だかつて [ever の文語]　■ in disgust：あきれて　■ impertinence：無礼、生意気なさま [ここは名詞]　■ ninepins：ナインピンボウリング [9本のピンを使ったボウリング]　■ crab apple：野生リンゴ　■ fir-cone：モミの実

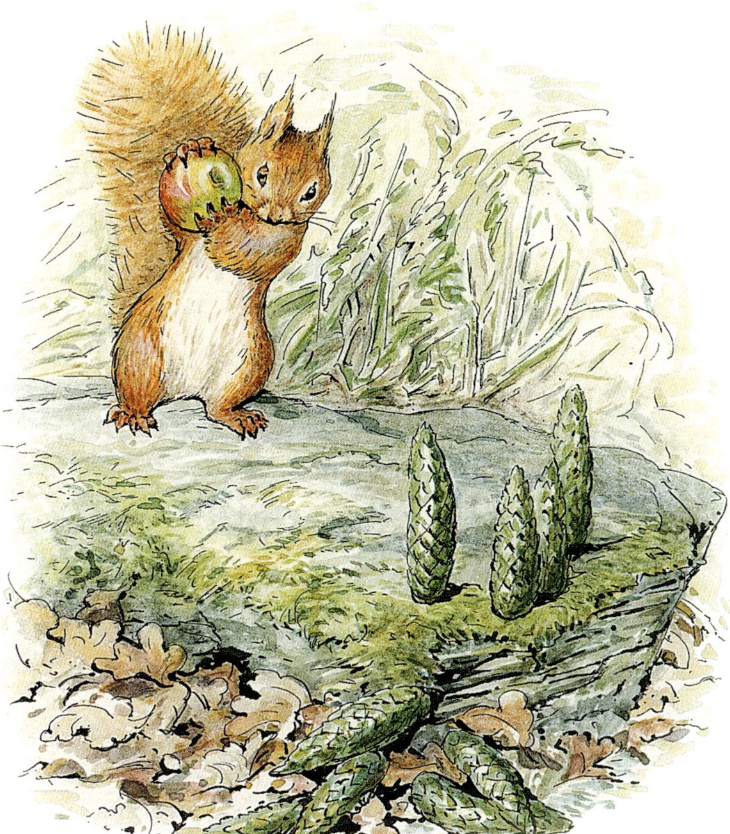

On the sixth day, which was Saturday, the squirrels came again for the last time; they brought a new-laid *egg* in a little rush basket as a last parting present for Old Brown.

But Nutkin ran in front laughing, and shouting—

"Humpty Dumpty lies in the beck,
With a white counterpane round his neck,
Forty doctors and forty wrights,
Cannot put Humpty Dumpty to rights!"

Now old Mr. Brown took an interest in eggs; he opened one eye and shut it again. But still he did not speak.

■ new-laid egg：産みたての卵　■ rush basket：イグサなどで作られたかご　■ Humpty Dumpty：ハンプティ・ダンプティ［マザーグースの童謡に登場する擬人化された卵のこと。卵のように一度割れたら元通りにならないものを象徴し、「とりかえしのつかない状態」の比喩として使われる］　■ beck：小川
■ counterpane：掛け布団、ベッドカバー［ここでは「シーツ」とした］
■ wright：修理屋　■ put ... to rights：…を正常な状態にする
■ Hickamore, Hackamore：Hitty Pitty や Humpty Dumpty 同様、韻を踏むための語　■ All the King's horses, and all the King's men：王さまの馬みんなと、王さまの家来みんなでも［マザーグースのハンプティ・ダンプティの童謡に出てくる有名なフレーズ］　■ sunbeam：日差し

Nutkin became more and more impertinent—

"Old Mr. B! Old Mr. B!
Hickamore, Hackamore, on the King's kitchen door;
All the King's horses, and all the King's men,
Couldn't drive Hickamore, Hackamore,
Off the King's kitchen door!"

Nutkin danced up and down like a *sunbeam*; but still Old Brown said nothing at all.

Nutkin began again—

"Arthur O'Bower has broken his band,
He comes roaring up the land!
The King of Scots with all his power,
Cannot turn Arthur of the Bower!"

Nutkin made a whirring noise to sound like the *wind*, and he took a running jump right onto the head of Old Brown! . . .

Then all at once there was a flutterment and a scufflement and a loud "Squeak!"

The other squirrels scuttered away into the bushes.

When they came back very cautiously, peeping round the tree—there was Old Brown sitting on his door-step, quite still, with his eyes closed, as if nothing had happened.

*

But Nutkin was in his waistcoat pocket!

■ Arthur O'Bower：Arthur of the Bower の略 [風や嵐を擬人化したもの。アーサーとは、5世紀後半～6世紀前半に活躍した伝説の人物アーサー王を指す。bower は、スコットランド英語の bowder（暴風）からきているとの説もある]　■ roar：(風・火などが) ごうごうと鳴る　■ whirring noise：(風などの) ヒューヒューという音　■ flutterment：羽ばたき [flutter（バタバタと羽ばたきする）に接尾語 -ment を付けた言葉]　■ scufflement：争うような音 [scuffle（乱闘する）に接尾語 -ment を付けた言葉]　■ squeak：ねずみなど小動物の「チューチュー、キーキー」という鳴き声　■ scutter：英 ちょこちょこ走る [22ページ参照]　■ cautiously：おそるおそる　■ as if nothing had happened：まるで何事もなかったかのように [仮定法]　■ waistcoat：英 チョッキ、ベスト

TRACK 29

This looks like the end of the story; but it isn't.

Old Brown carried Nutkin into his house, and held him up by the tail, intending to skin him; but Nutkin pulled so very hard that his tail broke in two, and he dashed up the staircase, and escaped out of the attic window.

And to this day, if you meet Nutkin up a tree and ask him a riddle, he will throw sticks at you, and stamp his feet and scold, and shout—

"Cuck-cuck-cuck-cur-r-r-cuck-k-k!"

THE END

■ hold ... up by the tail：しっぽからつり下げる　■ intend to ...：…をするつもりである　■ skin：(動物などの) 皮をはぐ　■ break in two：まっぷたつに切れる　■ staircase：階段　■ escape：逃げる、脱出する　■ attic：屋根裏部屋　■ to this day：今日まで　■ stamp *one's* feet：足を踏み鳴らす　■ scold：叱る、下品な言葉を言う　■ Cuck-cuck-cuck-cur-r-r-cuck-k-k：カッカッカツ、クルルル、カック、クック［威嚇のための奇声。作者の造語］

> 訳

THE TALE OF SQUIRREL NUTKIN
りすのナトキンのおはなし

TRACK 20

　これから話すのは、しっぽのおはなしです——そのしっぽとは、小さな赤りすのしっぽのことです。りすの名前はナトキンといいました。

　ナトキンにはトインクルベリというお兄さんと、たくさんのいとこたちがいて、みんなで湖のほとりにある森に住んでいました。

　湖の中央には島があり、そこには木々が生い茂り、木の実のなる木がたくさんありました。その木々の中に、内側が空洞になったカシの木が立っていました。そこは、ブラウンじいさまというふくろうの家でした。

　ある秋、木の実が熟してハシバミの葉っぱが金色と緑色に色づいた頃、ナトキンやトインクルベリら小りすたちは、みんなで森を出て、湖のほとりまで下りていきました。

　りすたちは小枝で小さないかだを作って、木の実を集めるために、ふくろう島まで湖の上をこいでいきました。

　りすたちはそれぞれ、小さな袋と大きなオールを持ち、帆の代わりにしっぽを大きく広げました。

TRACK 21

　そして、ブラウンじいさまにプレゼントをするために3匹の太ったねずみを持ってくると、それをじいさまの家の玄関の階段の上に置きました。

　それから、トインクルベリと小りすたちは、みな、ブラウン

じいさまに低く頭を下げ、丁寧に言いました。
「親愛なるブラウンおじいさま。どうかあなたの島で木の実を集めるお許しをいただけないでしょうか」

ところが、ナトキンだけは、すごく生意気で、礼儀知らずな子でした。小さな赤いサクランボのように、上下にピョンピョンとび跳ねながら、こう歌ったのです——

「なぞなぞ　なぞなぞ　とけるかな！
　ちっちゃなちっちゃなおじさんが、真っ赤な真っ赤なコート着た！
　片手に杖持ち、のどに石ころ。
　もしもこのなぞとけたなら、あなたに4ペンス銀貨をあげましょう」

さて、これは、ずっと変わらない山のように、昔からある古いなぞなぞなので、ブラウンじいさまは、ナトキンの言うことにはまったく興味を示しません。

ぎゅっとかたく目をつぶり、眠ってしまいました。

TRACK 22

りすたちは小さな袋いっぱいに木の実を詰め、その日の夕方にはいかだに乗って、うちへ帰りました。

けれども、次の朝になると、みなまたふくろう島へやって来ました。今回トインクルベリと小りすたちは、1匹のまるまると太ったもぐらを持ってきていました。それをブラウンじいさまの玄関先の敷石の上に置くと言いました——
「ブラウンおじいさま、あなたの寛大な優しさで、どうか私たちに、もう少し木の実を集めることをお許しいただけないでしょうか」

けれども、他人のことになどお構いなしのナトキンは、ピョンピョンと踊りだし、イラクサでブラウンじいさまをくすぐりながら、こう歌いだしました——

「ビー爺や！　このなぞなぞは、とけるかな！
　ヒッカキ、チクチク　塀の中
　ヒッカキ、チクチク　塀の外
　ヒッカキ、チクチク　触れたなら、
　ヒッカキ、チクチク　お前をかむぞ！」

　ブラウンじいさまは急に目を覚ますと、もぐらを家の中に運び入れました。

TRACK 23

　ブラウンじいさまは、ナトキンの鼻先で玄関の戸をバタンと閉めました。まもなく、木のてっぺんから、薪を燃やす青白い煙が細い糸のように立ち昇り始めました。ナトキンは鍵穴から中をのぞきながら、こう歌いました──

「うちにもいっぱい、穴にもいっぱい！
　なのに、ボウルいっぱい集められないもの、な〜んだ！」

　りすたちは島じゅうを探し回って、小さな袋いっぱいに木の実を集めました。
　ところが、ナトキンだけは、黄色や真っ赤な虫えいを集め、ブナの切り株の上に座ってビー玉遊びをしながら、ブラウンじいさまの家の玄関をずっと見張っていました。

TRACK 24

　3日目の朝、りすたちは早朝から起きて、釣りに出かけました。そして、ブラウンじいさまにプレゼントをするために、太った小魚を7匹も釣り上げました。
　それから、いかだをこいで湖を渡り、曲がったクリの木のたもとから、ふくろう島に上陸しました。
　トインクルベリとほかの6匹の小りすたちは、それぞれ太った小魚を運んできたのに、礼儀知らずのナトキンだけは、手土

産ひとつ持っていません。ナトキンはみんなの先頭を走りながら、こう歌いました——

「荒野で男が聞いてきた。
『海になってるイチゴはいくつ？』
　そこで僕はこう答えてやった。
『森に生えてるニシンと同じ』」

　だけど、ブラウンじいさまは、なぞなぞにまったく興味を示しません——このなぞには、すでに答えが出ていたのに。

TRACK 25

　4日目にりすたちが手土産で持ってきたのは、6匹の太ったゴミムシでした。それは、私たちにとってのプラムプディングの中のプラムと同じくらい、ブラウンじいさまにとっては大好物でした。虫は一匹ずつ丁寧にギシギシの葉に包まれ、松の葉で留めてありました。
　なのに、今日もナトキンは、相変わらず生意気にこう歌いました——

「さあ、ビー爺や！　このなぞなぞは、とけるかな！
　イギリス麦粉に、スペイン果実、
　雨降る中で出ぇ〜あった。
　袋に入れてむ〜すんだ。
　もしもこのなぞとけたなら、あなたに指輪をあげましょう！」

本当にこんな歌を歌うなんて、ナトキンはとんでもない子です。だって、ブラウンじいさまにあげる指輪など持っていないのですから。
　ほかのりすたちが、茂みのある場所を行ったり来たりして木の実を探し回っていたのに、ナトキンは、イバラの茂みから、ロビンズ・ピンクッションと呼ばれる虫えいを集めていました。

そして、それに松の葉をびっしり刺して遊んでいたのです。

TRACK 26

　5日目にりすたちが持ってきたのは、はちみつのプレゼントでした。あまりに甘くてベタベタしていたので、小りすたちは、はちみつをブラウンじいさまの玄関先に置いたあと、自分たちの指をペロペロなめてしまいました。このはちみつは、丘の一番てっぺんにあるマルハナバチの巣から盗んできたものでした。

　ところが、またしてもナトキンは、飛んだり跳ねたりしながら、こう歌いました――

「ブンブン！　ブブン、ブブンのブン！
　山のてっぺん登ったら
　かわいいやつらに出くわした。
　首が黄色で、背が黄色！
　あんなかわいいやつらとは
　山のてっぺんじゃ初めてさ」

　ブラウンじいさまは、ナトキンの生意気な態度に、あきれて目を上にそらしました。
　はちみつは残さず食べましたけどね！
　りすたちは小さな袋を木の実でいっぱいにしました。
　ですが、ナトキンだけは、大きくて平らな岩の上で、野生リンゴと緑のモミの実で、ナインピンボウリングをして遊んでいました。

TRACK 27

　さて、6日目は土曜日で、小りすたちは、最後にもう一度島を訪れました。ブラウンじいさまへのお別れのプレゼントとして、産みたての卵を1つ、小さなイグサのかごに入れて持って

きました。
　でも、相変わらずナトキンは、みんなの先頭を走って、笑いながらこう叫びました──

「ハンプティ・ダンプティが　小川で寝そべった。
　白いシーツを首にまき、
　40人のお医者が集まっても、40人の修理屋が集まっても、
　ハンプティ・ダンプティを　元に治せなかったとさ！」

　さて、ブラウンじいさまは卵に興味を示し、目を片方だけ開けて、またすぐに閉じました。でも、やはりまだ一言もしゃべりません。

　ナトキンはますます無礼な態度になっていきました──

「ビー爺や！ ビー爺さんや！
　ヒッカモア、ハッカモア　王さまの台所の入口に
　王さまの馬みんなと、王さまの家来みんなでも、
　ヒッカモア、ハッカモア　王さまの台所の入口から
　追い払えない！」

　ナトキンは、太陽の日差しのように、上へ下へと飛んだり跳ねたりして踊りましたが、それでもブラウンじいさまは何にも言いませんでした。

TRACK
28

　ナトキンはまた始めました──

「アーサー王が風のように現れた。
　陸を震わせ押し寄せる！
　天下無敵のスコットランドの王さまも
　アーサー王には勝てやしない！」

ナトキンは、ヒューヒューと風のような音を立てながら、なんと、ブラウンじいさまの頭上めがけ、助走をつけてジャンプしました！……

　次の瞬間、「パタパタッ！」という羽ばたきと、「ガサガサッ！」という争うような音がして、「きぃ〜きぃ〜！」という大きな鳴き声が聞こえました。

　ほかのりすたちは、走って木の茂みに逃げ込みました。

　しばらくして、小りすたちが、おそるおそる木のかげから出てのぞいてみると――ブラウンじいさまは、まるで何事もなかったかのように、目を閉じて、玄関先にじっと座っていました。

＊　＊　＊

　でも、実はそのとき、ナトキンは、ブラウンじいさまのチョッキのポケットの中にいたのです！

TRACK 29

　これで、おはなしは終わりのように見えますが、そうではありません。

　ブラウンじいさまは、ナトキンを自分の家の中へ連れてくると、皮をはごうと思って、ナトキンをしっぽからつり下げました。その瞬間、ナトキンが、ものすごい力で、ブラウンじいさまの手から逃げたので、しっぽがまっぷたつに切れてしまいました。ナトキンは、必死に階段を駆け上がると、屋根裏部屋の窓から脱出しました。

　そしてそれ以来ずっと、木の上で見かけたナトキンに、「なぞなぞを聞かせてよ」とお願いしても、ナトキンは小枝を投げつけ、足をバタバタと踏み鳴らして、「クックー、クックー、クルルルー、クックック！」と、悪態ばかりついています。

おしまい

ビアトリクス・ポターの作品における
ナーサリー・ライム

ナーサリー・ライムって何？

　「ナーサリー・ライム（Nursery Rhymes）」とは、イギリスやアメリカで、古くから伝承されてきた幼児向けの押韻詩（童謡）のことです。ナーサリーの直訳は「こども部屋」で、現代では「幼児」を指す言葉。ライムは「押韻詩」のことですが、厳密には、「（韻が後ろにくる）脚韻」を意味します。

　日本では、押韻詩というより、「英語圏の伝承童謡＝マザーグース」のイメージが強いかもしれません。じつは、日本で「マザーグース」として知られている童謡は、イギリスでは「ナーサリー・ライム」の名で呼ばれるほうが一般的なのです。

　今ではイギリスでも、ナーサリー・ライムのことを、「マザーグース・ライム（Mother Goose Rhymes）」と呼ぶことがありますが、これは、1729年、フランスのペローの童話集のサブタイトルが"Mother Goose's Tales"だったためといわれています。このペローの童話集には、日本でも有名な「シンデレラ」や「赤ずきん」のお話も入っています。

　その後、1765年頃、イギリスでは、ジョン・ニューベリーによる*Mother Goose's Melody*という童謡集が出版され、これ以降、伝承童謡集を「マザーグース」と呼ぶようにもなりました。

ライムって何？

　そもそもライムとは何でしょうか？　ライム（rhymes＝脚韻）とは、詩の行末で類音や同音が反復するものです。日本の短歌や俳句、中国の漢詩などにも「脚韻」の手法がとられることがありますが、英語にはより多く見られ、文体と音の意味をうまく組み合わせた言葉遊びともいえます。

一見すると、外国人の私たちには「意味不明」で「理屈が通らない」、英語でいうナンセンスな唄も、英語圏の人にとっては、こどものときからなじみのあるフレーズであり、感覚的に理解できるようです。

ナーサリー・ライムは大人が使う格言
　日本の童謡がこども向けであるのに対し、マザーグースは、現在も映画や人気ドラマで引用されるなど、大人も日常的に使っています。これは、ナーサリー・ライムが日本のわらべ唄とは違い、その文章や言葉の中に、格言や歴史の話を含んだ大人の唄だからです。
　マザーグースからの引用例として、私たちにもなじみがあるのは、ルイス・キャロルの『鏡の国のアリス』に出てくるハンプティ・ダンプティやトゥイードル・ディー、トゥイードル・ダムといった登場人物でしょう。
　最近見かけたマザーグースの引用として面白かったのは、アメリカの人気ドラマ『グッドワイフ2』の劇中に、マザーグースの「ハンプティ・ダンプティ」をもじったおとぎ話が出てきたことです。
　引用されていたのは、"All the King's horses and all the King's men" というフレーズ。参考までに、マザーグースの「ハンプティ・ダンプティの唄」を見てみましょう。

Humpty Dumpty sat on a wall.
Humpty Dumpty had a great fall.
All the King's horses and all the King's men,
Couldn't put Humpty together again.

ハンプティ・ダンプティが　塀の上
ハンプティ・ダンプティが　おっこちた
王さまの馬みんなと　王さまの家来みんなでも
ハンプティを元に　戻せなかった

このハンプティ・ダンプティとは「卵」のことで、マザーグースの中では、「落ちた卵はどんなことをしても元に戻せない」というオチになっています。
　英文の直訳は、「王さまの馬みんなと　王さまの家来みんなでも」となっていますが、英語圏の人たちがこのフレーズを聞くと、「とりかえしのつかない状態」を反射的に思い浮かべるそうです。

ナーサリー・ライムが好きだったビアトリクス・ポター

　ビアトリクス・ポターは、ナーサリー・ライムを好んで自分の作品にとり入れています。中には『アプリイ・ダプリイのわらべうた（*Appley Dapply's Nursery Rhymes*）』(1917)、『セシリ・パセリのわらべうた（*Cecily Parsley's Nursery Rhymes*）』(1922) の2作品のように、ナーサリー・ライムだけで創作された作品もあるほどです。

　ハンプティ・ダンプティの唄は、唄い終わったときに、"What is Humpty Dumpty？" と聞かれたら、「卵！！！」と答える「なぞなぞ」の詩でした。

　先ほど読んだ『りすのナトキンのおはなし』に登場するナーサリー・ライムも「なぞかけ」の詩ですので、なぞなぞの答えが文章中に出てきます。

　次ページで、このナトキンのなぞなぞをいくつかご紹介します。下線の引いてある脚韻に注意しながら、CDでナレーションを聴いてみましょう。そしてぜひ、なぞなぞの答えを探してください。ナーサリー・ライムを味わうには、あまり意味にとらわれず、音楽を聴くようにリズミカルな音を楽しむのがポイントです。

▶『りすのナトキンのおはなし』のナーサリー・ライムの例

Riddle me, riddle me, rot-tot-tote!
A little wee man, in a red red coat!
A staff in his hand, and a stone in his throat;
If you'll tell me this riddle, I'll give you a groat.

なぞなぞの答え：A red cherry

Old Mr. B! Riddle-me-ree!
Flour of England, fruit of Spain,
Met together in a shower of rain;
Put in a bag tied round with a string,
If you'll tell me this riddle, I'll give you a ring!

なぞなぞの答え：A plum-pudding

Humpty Dumpty lies in the beck,
With a white counterpane round his neck,
Forty doctors and forty wrights,
Cannot put Humpty Dumpty to rights!

なぞなぞの答え：An egg

Old Mr. B! Old Mr. B!
Hickamore, Hackamore, on the King's kitchen door;
All the King's horses, and all the King's men,
Couldn't drive Hickamore, Hackamore,
Off the King's kitchen door!

なぞなぞの答え：A sunbeam

Arthur O' Bower has broken his band,
He comes roaring up the land!
The King of Scots with all his power,
 Cannot turn Arthur of the Bower!

なぞなぞの答え：The wind

THE TALE OF JOHNNY TOWN-MOUSE

まちねずみジョニーのおはなし

JOHNNY TOWN-MOUSE was born in a cupboard. Timmy Willie was born in a garden. Timmy Willie was a little country mouse who went to town by mistake in a hamper. The gardener sent vegetables to town once a week by carrier; he packed them in a big hamper.

The gardener left the hamper by the garden gate, so that the carrier could pick it up when he passed. Timmy Willie crept in through a hole in the wickerwork, and after eating some peas—Timmy Willie fell fast asleep.

He awoke in a fright, while the hamper was being lifted into the carrier's cart. Then there was a jolting, and a clattering of horse's feet; other packages were thrown in; for miles and miles—jolt—jolt—jolt! and Timmy Willie trembled amongst the jumbled up vegetables.

■ cupboard：英食器棚　■ garden：野菜畑 [本来は「庭」の意味だが、物語の内容を考え「野菜畑」とした。同様に、gardener も「庭師」ではなく「農家のおじさん」とした]　■ country mouse：田舎のねずみ [town mouse（町のねずみ）と対になっている]　■ hamper：長方形のやなぎ細工のふた付きかご [イギリスでは「食べ物やワインを詰めたかご」を指すことが多い。ここでは「(野菜) かご」とした]　■ carrier：運送屋　■ crept in：忍び込んだ [crept は creep（忍び足で歩く）の過去形。活用は creep-crept-crept]　■ wickerwork：枝編み細工 [ここでは hamper の言い換え]　■ fall fast asleep：ぐっすり眠る　■ in a fright：ぎょっとして　■ lift：持ち上げる　■ cart：荷馬車　■ jolting：揺れること [もとの動詞は jolt で「揺れる」]　■ clattering：ガタガタ音をたてて進むこと　■ were thrown in：投げ入れられた [thrown は throw（投げる）の過去分詞形。活用は throw-threw-thrown]　■ miles and miles：何マイルも何マイルも [mile は距離の単位。1 マイル＝約 1.61 キロメートル]　■ jumbled up：ごちゃまぜにされた

TRACK 31

At last the cart stopped at a house, where the hamper was taken out, carried in, and set down. The cook gave the carrier sixpence; the back door banged, and the cart rumbled away. But there was no quiet; there seemed to be hundreds of carts passing. Dogs barked; boys whistled in the street; the cook laughed, the parlour maid ran up and down stairs; and a canary sang like a steam engine.

■ (be) set down：(荷物や人などが) 置かれる、配置される
■ sixpence：英 6 ペンス [pence はイギリスの通貨で、penny の複数形。現在の貨幣単位とは異なる]　■ bang：(ドアなどが) バタンと閉まる　■ rumble away：(車などが) ガタガタと音を立てて去る　■ hundreds of ...：何百という…　■ bark：(犬などが) 吠える　■ whistle：口笛を吹く
■ parlour maid：英 小間使い [parlor (米語)]　■ canary：カナリア
■ like a steam engine：蒸気機関車のエンジンのように [エンジンのように大音量であるさまを比喩的に表している]

87

Timmy Willie, who had lived all his life in a garden, was almost frightened to death. Presently the cook opened the hamper and began to unpack the vegetables. Out sprang the terrified Timmy Willie.

Up jumped the cook on a chair, exclaiming "A mouse! a mouse! Call the cat! Fetch me the poker, Sarah!" Timmy Willie did not wait for Sarah with the poker; he rushed along the skirting-board till he came to a little hole, and in he popped.

■ be frightened to death：恐怖で死にそうになる　■ unpack ...：…を開いて中のものをとり出す　■ Out sprang the terrified Timmy Willie.：The terrified Timmy Willie sprang out. の倒置形［驚きを強調するため、次の Up jumped the cook on a chair も同じ］　■ sprang out：飛び出した［sprang は spring（飛び出す）の過去形。活用は spring-sprang-sprung］　■ terrified：おびえた　■ exclaim：叫ぶ［名詞形は exclamation で「叫ぶこと、絶叫」］　■ fetch：英行ってとってくる［36 ページ参照］　■ poker：火かき棒　■ skirting-board：(壁下の) 幅木［壁の下部と床が接する部分に、損傷を防ぐために貼る横木のこと］　■ pop in ...：…に（ひょいと）入る、飛び込む　■ half a foot：半フィート（約 15 センチメートル）［foot（複数形は feet）は長さの単位で、その半分のこと。1 フィート＝ 30.48 センチメートル］　■ crash into ...：…に（大きな音を立てて）突っ込む　■ in the world：いったい全体［疑問の強調］　■ inquire ...：…と問う［ask よりもかしこまった言い方］　■ instantly：すぐに

He dropped half a foot, and crashed into the middle of a mouse dinner party, breaking three glasses.—"Who in the world is this?" inquired Johnny Town-mouse. But after the first exclamation of surprise he instantly recovered his manners.

THE TALE OF JOHNNY TOWN-MOUSE

With the utmost politeness he introduced Timmy Willie to nine other mice, all with long tails and white neckties. Timmy Willie's own tail was insignificant. Johnny Town-mouse and his friends noticed it; but they were too well bred to make personal remarks; only one of them asked Timmy Willie if he had ever been in a trap?

The dinner was of eight courses; not much of anything, but truly elegant. All the dishes were unknown to Timmy Willie, who would have been a little afraid of tasting them; only he was very hungry, and very anxious to behave with company manners. The continual noise upstairs made him so nervous, that he dropped a plate. "Never mind, they don't belong to us," said Johnny.

■ utmost：最大限の、最高の　■ politeness：丁寧さ、礼儀正しさ　■ necktie：ネクタイ［現在では tie が一般的］　■ insignificant：とるに足らない、小さい　■ well bred：育ちが良い　■ remark：意見、感想　■ trap：ねずみとり、わな　■ eight courses：8品の料理で構成された食事［＝8コースディナー］　■ not much of anything：大したものではない、少しの　■ only：しかし、ただし　■ be anxious to …：（不安に感じて）…することを切望する　■ behave：ふるまう　■ company manners：直訳は「同席の人たちに対するマナー」［つまりチミーは、出された食事に手をつけないというマナー違反を犯したくなかった、ということ］　■ continual：絶え間ない　■ upstairs：上階の（に・で）［反対語は downstairs で「階下の（に・で）」］　■ Never mind.：気にしないで、くよくよするな［口語］

"Why don't those youngsters come back with the dessert?" It should be explained that two young mice, who were waiting on the others, went skirmishing upstairs to the kitchen between courses. Several times they had come tumbling in, squeaking and laughing; Timmy Willie learnt with horror that they were being chased by the cat. His appetite failed, he felt faint. "Try some jelly?" said Johnny Town-mouse.

"No? Would you rather go to bed? I will show you a most comfortable sofa pillow."

The sofa pillow had a hole in it. Johnny Town-mouse quite honestly recommended it as the best bed, kept exclusively for visitors. But the sofa smelt of cat. Timmy Willie preferred to spend a miserable night under the fender.

■ youngster:若者、こども［古い表現。次に出てくる文章の意味から、ここでは「給仕」とした］　■ dessert：デザート［ディナーの最後に出る食べ物。イギリスではプディング（97 ページ参照）やパイが一般的］　■ wait on ...：…を給仕する　■ skirmish：こぜりあいをする　■ tumble：転がり落ちる　■ squeak：（ねずみなどが）チューチュー鳴く　■ learnt：英 知った、気づいた［learn の過去・過去分詞形は、イギリス英語では特に過去分詞形で learnt が使われることが多い。米語では learned］　■ with horror：ぞっとして　■ appetite：食欲　■ feel faint：気が遠くなりそうになる　■ rather：あるいは、むしろ　■ comfortable：心地良い　■ recommend：すすめる　■ exclusively for visitors：お客さま専用の　■ smelt of ...：英 …のにおいがした［smell の過去・過去分詞形は、イギリス英語では smelt、米語では smelled］　■ prefer to ...：（〜するより）むしろ…したい　■ miserable：みじめな　■ fender：暖炉の囲い、炉格子

It was just the same next day. An excellent breakfast was provided—for mice accustomed to eat bacon; but Timmy Willie had been reared on roots and salad. Johnny Town-mouse and his friends racketted about under the floors, and came boldly out all over the house in the evening. One particularly loud crash had been caused by Sarah tumbling downstairs with the tea-tray; there were crumbs and sugar and smears of jam to be collected, in spite of the cat.

Timmy Willie longed to be at home in his peaceful nest in a sunny bank. The food disagreed with him; the noise prevented him from sleeping. In a few days he grew so thin that Johnny Town-mouse noticed it, and questioned him. He listened to Timmy Willie's story and inquired about the garden. "It sounds rather a dull place? What do you do when it rains?"

■ accustomed to ...：…に慣れた　■ rear：英 育てる [rear（米語では raise）は動物を「育てる」場合に使い、人間に対しては bring up を使う]
■ roots and salad：木の根と青野菜　■ racket about：大騒ぎする
■ particularly：特に　■ crash：騒動 [ここは名詞。88 ページ参照]
■ cause:引き起こす、もたらす　■ tea-tray:お茶のお盆　■ crumb:（パンやケーキなどの）くず　■ smear：汚れ、しみ　■ in spite of ...：…にもかかわらず　■ long to ...：…することを切望する　■ nest：巣
■ disagree with ...：（食べ物などが）…に合わない　■ prevent *someone* from *doing*：（人が）…するのを妨げる　■ sound ...：…のように思える　■ dull：退屈な

TRACK 36

"When it rains, I sit in my little sandy burrow and shell corn and seeds from my Autumn store. I peep out at the throstles and blackbirds on the lawn, and my friend Cock Robin. And when the sun comes out again, you should see my garden and the flowers—roses and pinks and pansies—no noise except the birds and bees, and the lambs in the meadows."

"There goes that cat again!" exclaimed Johnny Town-mouse. When they had taken refuge in the coal-cellar he resumed the conversation; "I confess I am a little disappointed; we have endeavoured to entertain you, Timothy William."

"Oh yes, yes, you have been most kind; but I do feel so ill," said Timmy Willie.

■ burrow:穴、巣　■ shell:殻・皮をむく　■ corn:英麦、小麦　■ seed:種　■ store:蓄え、貯蔵しておいたもの　■ throstle:うたつぐみ　■ blackbird:クロウタドリ　■ lawn:芝生　■ Cock Robin:コック・ロビン [オスのコマドリ]　■ pink:なでしこ（の花）　■ lamb:子羊　■ meadow:牧草地　■ take refuge in …:…に逃げる　■ coal-cellar:石炭の地下貯蔵庫　■ resume:再び始める、再び続ける　■ confess:認める　■ endeavour to …:英…しようと努力する [endeavor（米語）]　■ entertain:（人を）楽しませる　■ Timothy William:チモジー・ウィリアム [Timmy Willie の正式な名前で、発音は「ティモシー・ウィリアム」]

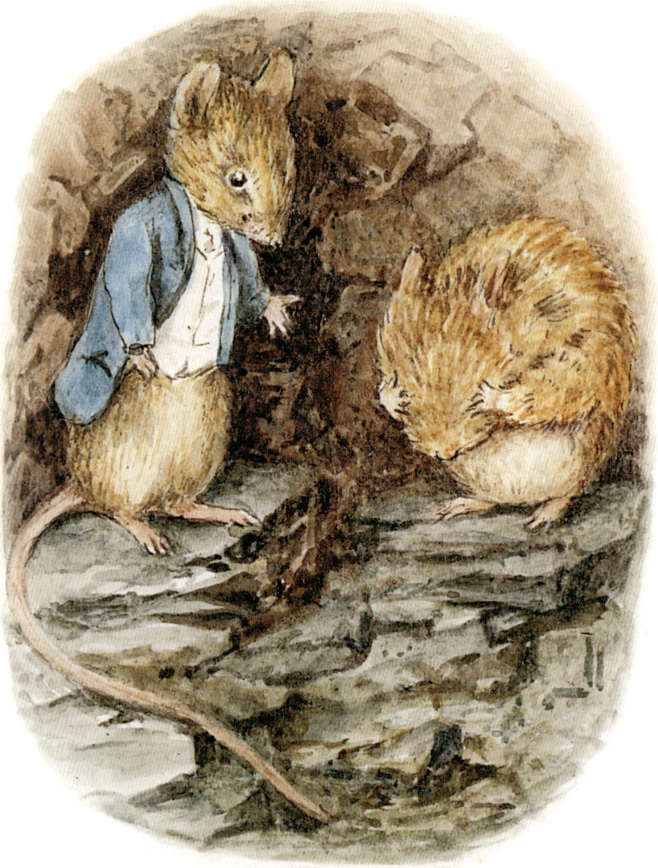

"It may be that your teeth and digestion are unaccustomed to our food; perhaps it might be wiser for you to return in the hamper."

"Oh? Oh!" cried Timmy Willie.

"Why of course for the matter of that we could have sent you back last week," said Johnny rather huffily—"did you not know that the hamper goes back empty on Saturdays?"

So Timmy Willie said goodbye to his new friends, and hid in the hamper with a crumb of cake and a withered cabbage leaf; and after much jolting, he was set down safely in his own garden.

■ digestion：消化力 [ここでは「おなか」と意訳]　■ be unaccustomed to ...：…に慣れていない　■ wiser：より賢明な [比較形]　■ why of course：(相手の質問に対して承認・抗議する意味を込め) それはもちろん　■ for the matter of that：そのことならば、それについては
■ rather：主に英 やや、ずいぶん [後ろには、好ましくない意味の形容詞・副詞がくる]　■ huffily：憤慨して　■ on Saturdays：毎週土曜日に
■ withered：しなびた

Sometimes on Saturdays he went to look at the hamper lying by the gate, but he knew better than to get in again. And nobody got out, though Johnny Town-mouse had half promised a visit.

The winter passed; the sun came out again; Timmy Willie sat by his burrow warming his little fur coat, and sniffing the smell of violets and spring grass. He had nearly forgotten his visit to town. When up the sandy path all spick and span with a brown leather bag came Johnny Town-mouse!

■ lying：置かれている [lie（置かれる、位置する）の現在分詞形]　■ know better than to ...：…するほどばか（無分別）ではない　■ get out：出てくる　■ though：けれども、にもかかわらず　■ half：ほとんど [= nearly]　■ sniff：クンクンかぐ　■ violet：スミレ　■ spring grass：春の野草　■ up the sandy path all spick and span with a brown leather bag came Johnny Town-mouse：ここは Johnny Town-mouse came up the sandy path all spick and span with a brown leather bag の倒置形　■ path：小道　■ spick and span：真新しい、こざっぱりした

Timmy Willie received him with open arms. "You have come at the best of all the year, we will have herb pudding and sit in the sun."

"H'm'm! it is a little damp," said Johnny Town-mouse, who was carrying his tail under his arm, out of the mud.

"What is that fearful noise?" he started violently.

"That?" said Timmy Willie, "that is only a cow; I will beg a little milk, they are quite harmless, unless they happen to lie down upon you. How are all our friends?"

Johnny's account was rather middling. He explained why he was paying his visit so early in the season; the family had gone to the sea-side for Easter; the cook was doing spring cleaning, on board wages, with particular instructions to clear out the mice. There were four kittens, and the cat had killed the canary.

■ receive *someone* with open arms：両手を広げて（心から人を）歓迎する　■ pudding：プディング［小麦粉、牛乳、卵、砂糖などを混ぜ、蒸したり焼いたりして固めた料理（肉料理からお菓子まで種類はさまざま）］　■ damp：湿った　■ start：ぎくっとする　■ violently：ひどく　■ beg ...：…を求める　■ harmless：無害の　■ unless ...：…しない限り　■ happen to ...：たまたま…する、偶然…する　■ account：説明、話　■ middling：まあまあの　■ pay *one's* visit：訪問する　■ sea-side：英（保養に適した）海岸　■ Easter：イースター［キリスト教の復活祭。春分の日以降、最初の満月後の日曜日。復活祭の前後の休みを Easter Holiday と呼ぶ］　■ on board wages, with particular instructions：直訳は「特別な命令を伴う給料」［「給料をその分割り増しにしてもらう特別契約をして」とした］　■ clear out...：…を退治する　■ kitten：こねこ

"They say we did it; but I know better," said Johnny Town-mouse. "Whatever is that fearful racket?"

"That is only the lawnmower; I will fetch some of the grass clippings presently to make your bed. I am sure you had better settle in the country, Johnny."

"H'm'm—we shall see by Tuesday week; the hamper is stopped while they are at the sea-side."

"I am sure you will never want to live in town again," said Timmy Willie.

■ know better：より分別がある→そんなことはしない [96 ページ参照]
■ whatever ...：…とはいったい何だろう？ [what の強調形]　■ racket：騒音 [ここは名詞。92 ページ参照]　■ lawnmower：芝刈り機　■ grass clippings：刈りとられた草、芝　■ had better ...：…したほうがよい
■ settle：落ち着く　■ shall：英…でしょう、…だろう [= will（米語）]
■ Tuesday week：英 来週の火曜日

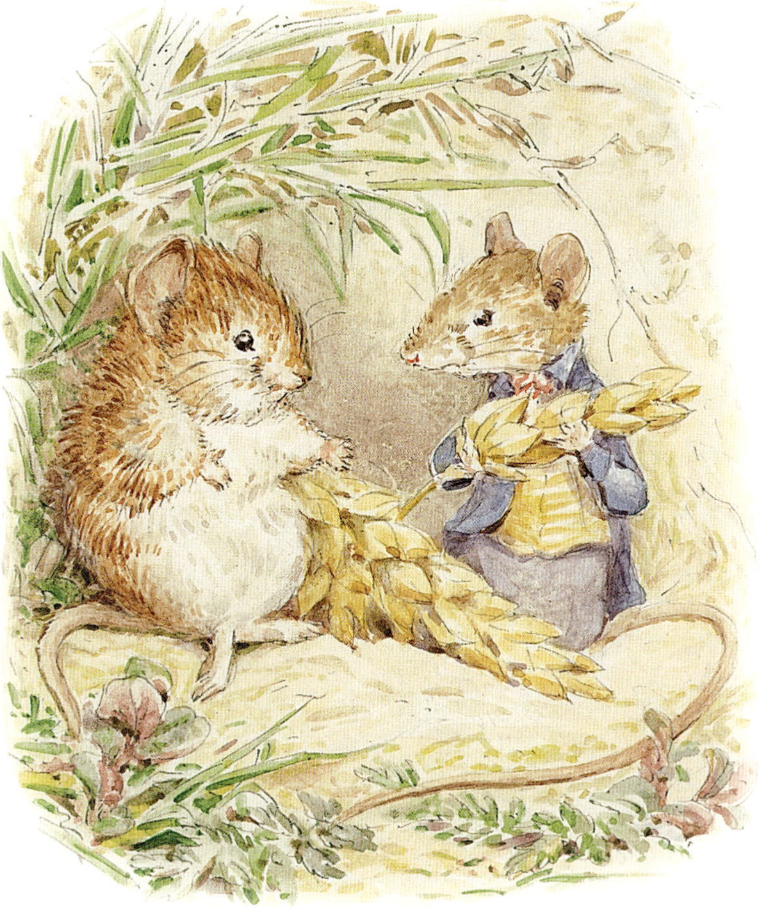

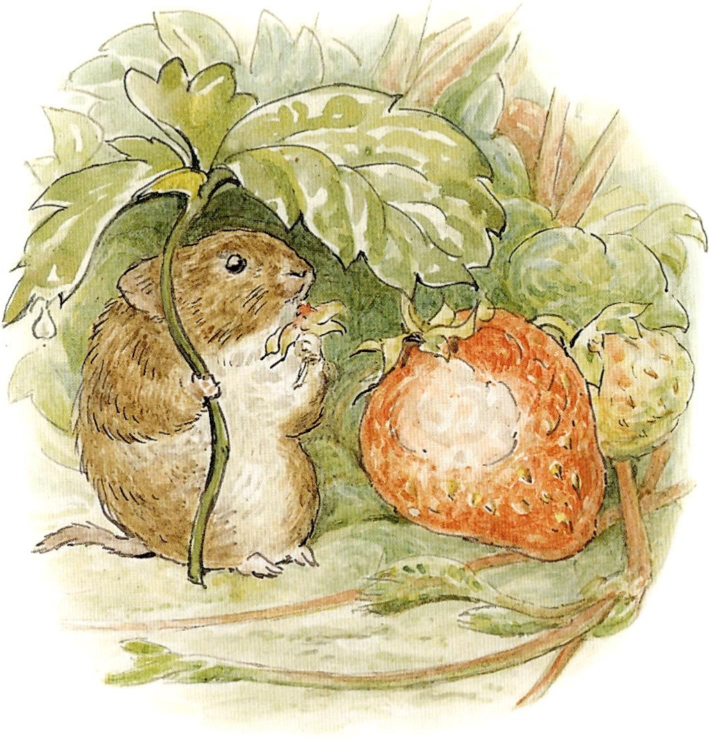

TRACK 41

But he did. He went back in the very next hamper of vegetables; he said it was too quiet!!

One place suits one person, another place suits another person. For my part, I prefer to live in the country, like Timmy Willie.

THE END

■ very：本当に、確かに、やはり［あとにくる next を強調する語］　■ suit ...：…に合う、…に適する

訳

THE TALE OF JOHNNY TOWN-MOUSE
まちねずみジョニーのおはなし

TRACK 30

　まちねずみのジョニーは、食器棚の中で生まれました。チミー・ウィリーは、野菜畑で生まれました。片田舎に住むねずみのチミーは、あるとき間違って野菜を入れるかごに入ってしまい、町に行ったことがあります。農家のおじさんが、週1回、野菜を大きなかごに入れ、運送屋さんに町へ運んでいってもらうのに紛れ込んだからです。

　農家のおじさんは、いつも運送屋さんが通りがかりに持っていってくれるようにと、かごを野菜畑の木戸のところに置いておきます。ある日、チミーはそのかごの穴から入り込み、豆を食べているうちに——すっかり眠りこんでしまいました。
　チミーは、かごが運送屋さんの荷馬車に乗せられたとき、ギョッとして目を覚ましました。それからすぐに、荷馬車が揺れ出し、パカパカという馬の足音も聞こえてきました。途中で、ほかの荷物も荷馬車の中に投げ込まれました。それから何マイルも何マイルも、《ガタゴト、ガタゴト、ガタゴト！》と揺れました。チミーはごちゃごちゃになった野菜の間で震えていました。

TRACK 31

　ついに荷馬車がある家の前で止まりました。野菜かごが降ろされて中に運び込まれ、いつもの場所に置かれました。その家のコックさんが、運送屋さんに運賃の6ペンスを払うと、裏口の戸はバタンと閉められ、荷馬車はガタゴトと音を立てて行っ

てしまいました。けれどもあたりは静かにはなりません。どうも何百台もの馬車が、家の外を行ったり来たりしているようでした。おまけに、犬は吠えているし、通りでは男の子たちが口笛を吹いていました。コックさんは大声で笑い、小間使いは階段を駆け上ったり、駆け下りたりしていました。そしてカナリアが1羽、まるで蒸気機関車のエンジンのような大音量で歌っていました。

TRACK 32

　これまでずっと畑で暮らしてきたチミーは、恐怖で死にそうでした。やがて、コックさんが野菜かごを開けて、中の野菜をとり出し始めました。ひどくおびえていたチミーは、かごから飛び出しました。
　コックさんは、驚いていすの上に飛び上がり、「ねずみだ！ ねずみだ！ 早くねこを呼んできてくれ！ セーラ、火かき棒を持ってきてくれ〜！」と叫びました。チミーは、セーラが火かき棒を持ってくるのを待ってなどいませんでした。壁の下の幅木づたいに小さな穴に向かって駆け出し、そこへ飛び込みました。

　穴から半フィートほど下まで転げ落ちたチミーは、ちょうどねずみたちがディナーパーティーをしているところに突っ込み、コップを3つも割ってしまいました。「いったい君は誰なんだ？」と、まちねずみのジョニーはちょっと詰問調で尋ねました。けれど最初の驚きと興奮がおさまると、ジョニーはすぐにいつもの礼儀正しさをとり戻しました。

TRACK 33

　そして、すごく丁寧に、チミーをほかの9匹のねずみたちに紹介しました。そのねずみたちはみんなしっぽが長く、白いネ

クタイを着けていました。それに比べて、チミーのしっぽはとっても小さくみすぼらしいものでした。ジョニーやほかのねずみたちは、すぐそれに気づきましたが、みな育ちが良かったので、個人的なことについては口にしませんでした。ただ1匹だけ、「ねずみとりにかかったことがあるのですか？」とチミーに聞いたねずみがいましたが。

そのディナーパーティーでは、料理が8品も出ました。どのごちそうも、量はそれほどたくさんありませんでしたが、とても見事な出来ばえでした。どの食べ物もチミーが見たことがないものばかり。チミーは食べるのがちょっと怖くなりました。でもおなかがすいていましたし、食べないのは、同席したみなさんへのマナーに反する態度だと思いました。上からは、絶え間なく物音が聞こえていたので、チミーはビクビクしてお皿を1枚割ってしまいました。「気にしなくていいですよ。どうせ僕たちのではありませんから」と、ジョニーは言いました。

「なぜあの給仕たちは、食後のデザートを持ってこないのだろう？」ねずみたちがこう言ったのは、みんなの給仕をしていた2匹の若いねずみが、食事の間じゅう、上のキッチンに行っていたからです。この2匹はチューチュー鳴いたり、笑ったりして、何度も転げるように戻ってきました。チミーはその理由を知ってぞっとしました。2匹はねこに追いかけられていたのです。チミーは食欲がなくなり、気も遠くなってきました。そのとき「ゼリーでも食べませんか？」とジョニーが言いました。

「食べたくないですか？ それとも休まれますか？ それでは、最高に寝心地の良いベッドをお見せしましょう。ソファのクッションです」

それは穴の開いているクッションでした。ジョニーは、「これは特別のお客さま用に用意してある一番いいベッドです」と、

とても熱心にすすめてくれました。でも、そのソファには、ねこのにおいが染みついていたのです。チミーはその晩、ソファに寝るよりも、暖炉の囲いの下で、みじめな夜を過ごすほうを選びました。

TRACK 35

　次の日も、前の日とほとんど同じでした。確かに素晴らしい朝ご飯が用意されていました。——まちねずみにとっては、ベーコンなんていつも食べているものかもしれませんが、チミーは、今まで木の根や青野菜を食べて育ってきたのです。その日、ジョニーやほかのねずみたちは、床下で大騒ぎをしていましたが、夕方になると、大胆にも床下から出て、家じゅうを歩き回りました。一番の大騒動だったのは、お茶のお盆を持った小間使いのセーラが、2階から転げ落ちたことです。そんな騒動があったし、ねこもいたというのに、ねずみたちはパンくずや砂糖、ジャムのかたまりをうまくかき集めていました。

　チミーは、日当たりの良い土手の、静かで穏やかな自分の巣に帰りたくてしかたありませんでした。町の食べ物はチミーの口に合いませんし、夜は物音が聞こえて眠れません。何日かたつうちに、チミーはだいぶやせてしまいました。ジョニーもそれに気がつき、理由を聞きました。ジョニーはチミーの話を聞き終わると、チミーの野菜畑がどんなところなのかを聞きました。「なんだか、退屈なところのように思えるのですがね。雨の降る日はどうしているのですか？」

TRACK 36

「雨が降ると、砂の穴の中で、秋に蓄えておいた小麦や草の種の殻をむくんです。そして、芝生に来るうたつぐみやクロウタドリをこっそり穴からのぞいたりします。ちなみに、コマドリのコック・ロビンは、私の友達なんですよ。とにかく、太陽が

出てきたときの私の庭の花——バラやなでしこやパンジーなど——をぜひお見せしたいです。鳥やハチや牧草地にいる羊のほかに、音を立てものは何もありません」

「あっ、またねこが来た！」と、ジョニーが叫びました。そして、地下にある石炭置場に逃げ込んでから、ジョニーはさっきの話を続けました。「チモジー・ウィリアムくん、僕は正直少しがっかりしました。僕たちはあなたに楽しんでいただきたいと思い、頑張っておもてなしをしたのですが」

「ええ、ええ。それはとてもよくわかっています。みなさんはとても親切にもてなしてくださいました。でも、私の体の具合が悪くなってしまったんです」と、チミーは言いました。

TRACK 37

「僕たちの食べ物は、あなたの歯やおなかには合わないのかもしれませんね。野菜かごでお帰りになったほうが賢明かもしれません」

「え、帰れるのですか？」と、チミーは叫びました。

「ええ。もちろんあなたがそうしたいなら、先週だって、あなたを田舎にお返しすることもできたのですよ」と、ジョニーはちょっと怒ったような口調で言いました。「野菜かごが、毎週土曜日にカラで田舎に帰るのをご存じなかったですか？」

こうして、チミーは新しい友達に別れを告げ、ケーキのくずとしなびたキャベツの葉っぱと一緒に、野菜かごの中に隠れました。そして、ずいぶんと長い間、荷馬車に揺られたあと、無事に自分の畑に帰ってきました。

TRACK 38

ときどき土曜日になると、チミーは木戸の脇にある野菜かごをのぞきに行くことがありました。でも以前の経験で町にはこりていますから、またかごに入るほどばかではありませんでし

た。そういえば、まちねずみのジョニーも、チミーを訪ねてくるようなことを言っていたのに、かごからは誰も出てきたことがありません。

　冬が過ぎました。また太陽が暖かく照り始めました。チミーは穴のそばに座って、自分の小さな毛皮の上着を温めたり、スミレや春の野草のにおいをかいだりしました。チミーは町へ行ったことをほとんど忘れかけていました。ちょうどそんなある日、真新しい服に身を包んだまちねずみのジョニーが、茶色の革カバンを下げて、砂の小道をやって来たのです！

TRACK 39

　チミーは両手を広げて、ジョニーを歓迎しました。「1年で一番いい時期に来てくれましたね。日なたに座って、ハーブプディングでも食べましょう」
「ふ〜む！　ちょっと湿っぽいところですね」と、まちねずみのジョニーは、しっぽが泥で汚れないよう、腕の下にはさみながら言いました。
「あの恐ろしい音は何ですか？」と、ジョニーはびっくりして飛び上がりました。
「あれですか？」とチミーは言いました。「ただの牛ですよ。ちょっと牛乳をもらってきますね。牛たちに下じきにされなければ、とてもおとなしいので安心ですよ。あなたのお友達は、みなさんお元気でいらっしゃいますか？」

　ジョニーの話は、あまり良い話ではありませんでした。なぜジョニーが、こんな夏でもない早い時期に、チミーを訪ねてきたかという理由ですが、家の人たちが、イースターのお休みで海岸へ旅行に出かけたからだそうです。その留守中にコックさんが、お給料をその分割増しにしてもらう特別契約をして、ねずみを退治する春の大掃除を始めたのだとか。いま家にはこねこが4匹いて、親ねこがカナリアを殺したという話でした。

TRACK 40

「家の人たちは、僕らがカナリアを殺したと言っているんですが、そんなことはしていません」と、ジョニーは言いました。「いったい、あの恐ろしい音は何ですか？」
「あれは芝刈り機ですよ。もう少したったらその芝を少し拾ってきて、あなたのベッドを作りましょう。ジョニー、あなたは田舎に落ち着いたほうがいいんじゃないかと思いますよ」
「う～ん——来週の火曜日まで様子を見ましょう。家の人たちが海岸にいる間は、野菜かごはここに止まっていますから」
「私は、きっとあなたが二度と町へ帰りたくなくなると思いますよ」と、チミーは言いました。

TRACK 41

けれども、まちねずみのジョニーはやはり次の野菜かごと一緒に町へ帰ってしまったのです。ジョニーに言わせると、田舎は静か過ぎるのだそうです！
ある土地を好きな人がいるとすれば、またほかの土地が好きな人もいます。私の場合も、チミーと同じように、田舎に住むほうが好きです。

おしまい

The Tale of The Pie and The Patty-Pan

パイがふたつあったおはなし

ONCE UPON A TIME there was a Pussy-cat called Ribby, who invited a little dog called Duchess, to tea.

"Come in good time, my dear Duchess," said Ribby's letter, "and we will have something so very very nice. I am baking it in a pie-dish—a pie-dish with a pink rim. You never tasted anything so good! And *you* shall eat it all! *I* will eat muffins, my dear Duchess!" wrote Ribby.

Duchess read the letter and wrote an answer: "I will come with much pleasure at a quarter past four. But it is very strange. *I* was just going to invite you to come here, to supper, my dear Ribby, to eat something *most delicious*.

"I will come very punctually, my dear Ribby," wrote Duchess; and then at the end she added—"I hope it isn't mouse?"

■ patty-pan：焼き型 [本来は小型パイ (patty) を焼くための平鍋のことだが、ここでは生地がへこまないよう、パイの中に入れる金属製の小さな焼き型を指している]
■ Pussy-cat：(こどもの物語の中のこども言葉で) ねこちゃん
■ Duchess:ダッチェス [この物語に登場する犬の名前で、本来は「女公爵、公妃」の意味] ■ bake：焼く ■ pie-dish：パイ皿 ■ rim：ふち ■ taste：味わう ■ shall：英(二人称の you が主語で) …させよう、…することになるだろう ■ with pleasure：喜んで ■ a quarter past four：英 4時15分 ■ delicious：おいしい ■ punctually：時間通りに
■ add：付け加える

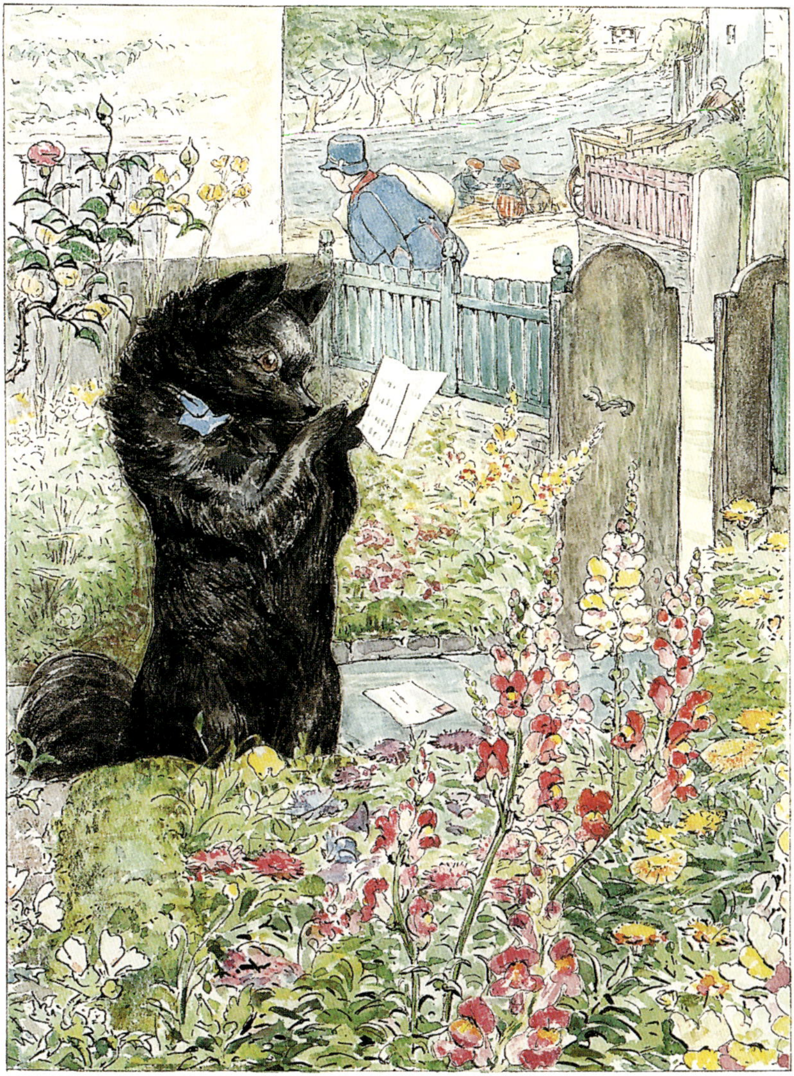

And then she thought that did not look quite polite; so she scratched out "isn't mouse" and changed it to "I hope it will be fine," and she gave her letter to the postman.

But she thought a great deal about Ribby's pie, and she read Ribby's letter over and over again.

"I am dreadfully afraid it *will* be mouse!" said Duchess to herself—"I really couldn't, *couldn't* eat mouse pie. And I shall have to eat it, because it is a party. And *my* pie was going to be veal and ham. A pink and white pie-dish! and so is mine; just like Ribby's dishes; they were both bought at Tabitha Twitchit's."

Duchess went into her larder and took the pie off a shelf and looked at it.

■ polite：礼儀正しい　■ scratch out：（書いたものを）消す
■ postman：郵便屋さん　■ a great deal：とても、たくさん　■ over and over again：何度も繰り返して　■ dreadfully：ものすごく、ひどく
■ say to *oneself*：心の中で思う、ひとり言を言う　■ veal：仔牛の肉
■ Tabitha Twitchit's：タビタ・トウィチットさんの店 ［人の名前に所有格を示すアポストロフィー＋ s をつけると「…の店」の意味になる］　■ larder：（家庭内などの）食料貯蔵庫　■ shelf：棚

TRACK 44

"It is all ready to put into the oven. Such lovely pie-crust; and I put in a little tin patty-pan to hold up the crust; and I made a hole in the middle with a fork to let out the steam— Oh I do wish I could eat my own pie, instead of a pie made of mouse!"

Duchess considered and considered and read Ribby's letter again—

"A pink and white pie-dish—and *you* shall eat it *all*. 'You' means me—then Ribby is not going to even taste the pie herself? A pink and white pie-dish! Ribby is sure to go out to buy the muffins . . . Oh what a good idea! Why shouldn't I rush along and put my pie into Ribby's oven when Ribby isn't there?"

Duchess was quite delighted with her own cleverness!

■ be ready to …：…する準備ができている　■ lovely：主に英 すてきな、おいしそうな　■ pie-crust：パイ皮 [crust だけでも同じ意味となる]
■ tin：ブリキ製の　■ hold up：持ち上げる　■ let out …：…を逃す
■ steam：蒸気　■ I do wish I could eat my own pie：自分のパイを食べることができたらいいのに [do は次の動詞を強調している。仮定法]
■ instead of …：…の代わりに　■ made of …：…（材料）で作られた　■ consider：よく考える　■ why shouldn't I…?：どうして…しないのか？　■ rush：急いで行く　■ be delighted with …：…を喜ぶ
■ cleverness：賢さ [ここでは、「素晴らしい思いつき」とした]

Ribby in the meantime had received Duchess's answer, and as soon as she was sure that the little dog could come—she popped *her* pie into the oven. There were two ovens, one above the other; some other knobs and handles were only ornamental and not intended to open. Ribby put the pie into the lower oven; the door was very stiff.

"The top oven bakes too quickly," said Ribby to herself. "It is a pie of the most delicate and tender mouse minced up with bacon. And I have taken out all the bones; because Duchess did nearly choke herself with a fish-bone last time I gave a party. She eats a little fast—rather big mouthfuls. But a most genteel and elegant little dog; infinitely superior company to Cousin Tabitha Twitchit."

Ribby put on some coal and swept up the hearth. Then she went out with a can to the well, for water to fill up the kettle.

■ in the meantime：一方で、その間に　■ pop ... into ～：…を～の中にポンと入れる　■ one above the other：上下に分かれて　■ knob：（ドアの）ノブ　■ handle：ハンドル、取っ手　■ ornamental：飾り用の　■ be intended to ...：…するためのものである　■ stiff：固い、開きにくい　■ delicate：薄い、繊細な　■ tender：柔らかい　■ minced：細かく刻まれた、ミンチされた　■ take out：とり除く　■ choke oneself with ...：…で（自分の）のどを詰まらせる　■ rather：主に英 かなり、ずいぶん　■ mouthful：一口分、口いっぱい分　■ genteel：（人・言葉・態度などが）上品な、気どった　■ infinitely：はるかに　■ superior company to ...：…より上等なお客　■ coal：石炭　■ swept up：（ホウキなどで）はいた、掃除した［swept は sweep の過去形。活用は sweep-swept-swept］　■ hearth：暖炉の前、炉床　■ can：バケツ　■ well：井戸　■ fill up ...：…をいっぱいにする　■ kettle：やかん

Then she began to set the room in order, for it was the sitting-room as well as the kitchen. She shook the mats out at the front door and put them straight; the hearth-rug was a rabbit-skin. She dusted the clock and the ornaments on the mantelpiece, and she polished and rubbed the tables and chairs.

Then she spread a very clean white tablecloth, and set out her best china tea-set, which she took out of a wall-cupboard near the fire-place. The tea-cups were white with a pattern of pink roses; and the dinner-plates were white and blue.

When Ribby had laid the table she took a jug and a blue and white dish, and went out down the field to the farm, to fetch milk and butter.

■ set ... in order：…を片付ける、きれいにする　■ sitting-room：主に英 客間、居間、リビング　■ straight：まっすぐに　■ hearth-rug：暖炉の周囲に置く敷物　■ rabbit-skin：うさぎの毛皮　■ dust：ほこりを払う　■ ornament：置物、装飾　■ mantelpiece：マントルピース [暖炉の上の棚や側面の飾り部分]　■ polish：磨く　■ rub：こする
■ spread：広げた [ここは過去形。活用は spread-spread-spread]　■ set out ...：…を並べる　■ china tea-set：陶磁器のティーセット
■ cupboard：英 食器棚、衣服などを入れる戸棚 [ここは wall-cupboard で「壁にとり付けられた棚」]　■ fire-place：暖炉　■ pattern：模様、柄
■ dinner-plate：メイン料理を食べるための大皿　■ laid：整えた、用意した [lay（整える）の過去形。活用は lay-laid-laid]　■ jug：(広口で取っ手つきの) 水差し

When she came back, she peeped into the bottom oven; the pie looked very comfortable.

Ribby put on her shawl and bonnet and went out again with a basket, to the village shop to buy a packet of tea, a pound of lump sugar, and a pot of marmalade.

And just at the same time, Duchess came out of *her* house, at the other end of the village.

Ribby met Duchess half-way down the street, also carrying a basket, covered with a cloth. They only bowed to one another; they did not speak, because they were going to have a party.

As soon as Duchess had got round the corner out of sight—she simply ran! Straight away to Ribby's house!

■ comfortable：具合がいい　■ shawl：ショール　■ bonnet：ボンネット帽 [32 ページ参照]　■ a packet of tea：お茶 1 袋　■ a pound of lump sugar：角砂糖 1 ポンド [pound（ポンド）は重さを表す単位で、1 ポンド＝約 454 グラム。lump sugar は「角砂糖」のこと]　■ a pot of marmalade：マーマレードを 1 びん　■ at the same time：それと同時に　■ at the other end of ...：…の反対側で　■ meet ... half-way down the street：通りの途中で…に会う、道の中ほどで会う　■ bow：お辞儀をする　■ one another：お互いに　■ get round the corner：角を曲がる　■ out of sight：見えないところに　■ simply：ただ、とにかく　■ straight away：すぐに

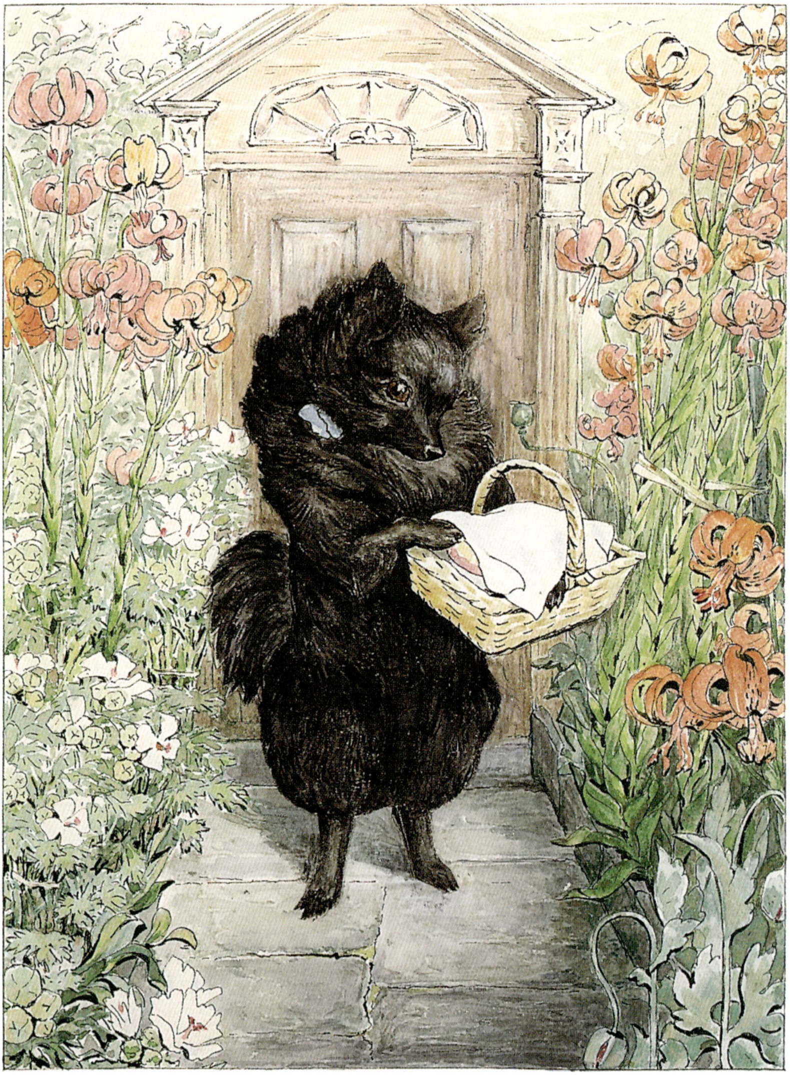

TRACK 48

Ribby went into the shop and bought what she required, and came out, after a pleasant gossip with Cousin Tabitha Twitchit.

Cousin Tabitha was disdainful afterwards in conversation—

"A little *dog* indeed! Just as if there were no CATS in Sawrey! And a *pie* for afternoon tea! The very idea!" said Cousin Tabitha Twitchit.

Ribby went on to Timothy Baker's and bought the muffins. Then she went home.

There seemed to be a sort of scuffling noise in the back passage, as she was coming in at the front door.

"I trust that is not that Pie; the spoons are locked up, however," said Ribby.

But there was nobody there. Ribby opened the bottom oven door with some difficulty, and turned the pie. There began to be a pleasing smell of baked mouse!

■ pleasant gossip：楽しいうわさ話、おしゃべり　■ disdainful：軽蔑的な　■ afterwards：あとで [= afterward]　■ in conversation：会話をして　■ indeed：まさか、まあ [皮肉のニュアンスを含む]　■ as if there were no CATS：まるでねこがいないかのように [仮定法]
■ Sawrey：ソーリー村 [湖水地方でビアトリクス・ポターが住んでいた村。ビアトリクスはこの村を舞台にした作品をいくつも書いている]　■ afternoon tea：英午後のお茶　■ The very idea!：まったくなんてひどい話だろう！
■ Timothy Baker's：ティモジーさんのパン屋　■ a sort of ...：一種の…　■ scuffling noise：慌てて走る音、ガサガサいう音　■ in the back passage：裏道で　■ be locked up：鍵をかけて保管されている　■ with difficulty：苦労して、てこずって　■ turn the pie：パイの向きを変える　■ pleasing smell：いいにおい

Duchess in the meantime, had slipped out at the back door.

"It is a very odd thing that Ribby's pie was *not* in the oven when I put mine in! And I can't find it anywhere; I have looked all over the house. I put *my* pie into a nice hot oven at the top. I could not turn any of the other handles; I think that they are all shams," said Duchess, "but I wish I could have removed the pie made of mouse! I cannot think what she has done with it? I heard Ribby coming and I had to run out by the back door!"

Duchess went home and brushed her beautiful black coat; and then she picked a bunch of flowers in her garden as a present for Ribby; and passed the time until the clock struck four.

■ slip out：そっと出る　■ odd：おかしい、奇妙な
■ not … anywhere：どこにも…ない　■ all over the house：家じゅう全部　■ sham：にせもの、見せかけ　■ I wish I could have removed the pie made of mouse：ねずみのパイをとり除けたらよかったのに（でも、できなかった）［仮定法過去完了。過去の現実とは反対のことを表す］　■ brush：ブラシをかける　■ beautiful black coat：美しい黒いコート［動物の毛のことを指している］　■ bunch of flowers：花束　■ pass the time：時間をつぶす　■ struck：（時計が）打って知らせた［strike（打つ）の過去形。活用は strike-struck-struck］

Ribby—having assured herself by careful search that there was really no one hiding in the cupboard or in the larder—went upstairs to change her dress.

She put on a lilac silk gown, for the party, and an embroidered muslin apron and tippet.

"It is very strange," said Ribby, "I did not *think* I left that drawer pulled out; has somebody been trying on my mittens?"

She came downstairs again, and made the tea, and put the teapot on the hob. She peeped again into the *bottom* oven; the pie had become a lovely brown, and it was steaming hot.

She sat down before the fire to wait for the little dog. "I am glad I used the *bottom* oven," said Ribby, "the top one would certainly have been very much too hot. I wonder why that cupboard door was open? Can there really have been someone in the house?"

■ assure *oneself* that ...：…を確かめる　■ by careful search：注意深く探すことによって　■ lilac：ライラック（薄紫）色の　■ silk gown：シルクのドレス［正装用のドレス］　■ embroidered：刺繍があしらわれた　■ muslin：綿モスリン［婦人服などに使われる薄手の生地］　■ apron：エプロン　■ tippet：（毛皮やウールの）肩かけ、えり巻き［ここでは「ケープ」とした］　■ leave ... pulled out：…を引っぱり出したままにする　■ drawer：引き出し　■ mitten：（親指だけ離れた）手袋、ミトン　■ hob：英（やかんや鍋をのせるための）暖炉内の横にある棚　■ steaming hot：ゆげが出るほど熱々の　■ certainly：とても　■ I wonder why ...?：なぜ…なのかしら？

The Tale of The Pie and The Patty-Pan

TRACK 51

Very punctually at four o'clock, Duchess started to go to the party. She ran so fast through the village that she was too early, and she had to wait a little while in the lane that leads down to Ribby's house.

"I wonder if Ribby has taken *my* pie out of the oven yet?" said Duchess, and whatever can have become of the other pie made of mouse?"

At a quarter past four to the minute, there came a most genteel little tap-tappity. "Is Mrs. Ribston at home?" inquired Duchess in the porch.

"Come in! and how do you do? my dear Duchess," cried Ribby. "I hope I see you well?"

"Quite well, I thank you, and how do *you* do, my dear Ribby?" said Duchess. "I've brought you some flowers; what a delicious smell of pie!"

"Oh, what lovely flowers! Yes, it is mouse and bacon!"

■ lane：小道　■ lead down to ...：…へと続く、…に至る
■ I wonder if ...：…かどうかしら？　■ whatever ...：いったい何が…
■ to the minute：時間通りに　■ tap-tappity：ドアをトントンと叩く音 [tap（叩く音）を強調した造語]　■ inquire：尋ねる、聞く　■ porch：ポーチ、屋根のある玄関　■ what (a) lovely ...!：なんてすてきな…でしょう！[感嘆文]

THE TALE OF THE PIE AND THE PATTY-PAN

TRACK 52

"Do not talk about food, my dear Ribby," said Duchess; "what a lovely white tea-cloth! . . . Is it done to a turn? Is it still in the oven?"

"I think it wants another five minutes," said Ribby. "Just a shade longer; I will pour out the tea, while we wait. Do you take sugar, my dear Duchess?"

"Oh yes, please! my dear Ribby; and may I have a lump upon my nose?"

"With pleasure, my dear Duchess; how beautifully you beg! Oh, how sweetly pretty!"

Duchess sat up with the sugar on her nose and sniffed—

"How good that pie smells! I do love veal and ham—I mean to say mouse and bacon—"

■ tea-cloth：(tea-table 用の) テーブルかけ、小さなテーブルクロス、ティータオル（茶巾）［いろいろな意味があるが、ここではお茶用の小さな「テーブルクロス」と考えられる］　■ be done to a turn：ちょうどいい具合に調理できている［料理に対して使う］　■ it wants another five minutes：あと5分焼く必要がある　■ a shade longer：ほんの少し長く　■ pour out：注ぐ　■ beg：(犬が) チンチンする　■ sweetly：愛らしく　■ sit up：姿勢を正して座る　■ mean to say ...：つまりその…［挿入句的に使われる］

TRACK 53

She dropped the sugar in confusion, and had to go hunting under the tea-table, so she did not see which oven Ribby opened in order to get out the pie.

Ribby set the pie upon the table; there was a very savoury smell.

Duchess came out from under the tablecloth munching sugar, and sat up on a chair.

"I will first cut the pie for you; I am going to have muffin and marmalade," said Ribby.

"Do you really prefer muffin? Mind the patty-pan!"

"I beg your pardon?" said Ribby.

"May I pass you the marmalade?" said Duchess hurriedly.

The pie proved extremely toothsome, and the muffins light and hot. They disappeared rapidly, especially the pie!

■ in confusion：動揺して　■ go hunting：捜しに行く　■ in order to ...：…するために　■ savoury：英食欲をそそる [savory（米語）]　■ munch：むしゃむしゃと食べる　■ prefer ...：…のほうを好む　■ Mind the patty-pan!：焼き型に気をつけて！［ここは命令文。mind は「注意する」という意味］　■ I beg your pardon?：もう一度言ってください、なんですって？［相手の言葉が聞きとれなかったときの決まり文句］　■ hurriedly：慌てて　■ pass：手渡す、回す　■ prove ...：…であることがわかる　■ extremely：非常に　■ toothsome：おいしい　■ disappear：なくなる　■ rapidly：どんどん、すぐに

"I think"—(thought the Duchess to herself)—"I *think* it would be wiser if I helped myself to pie; though Ribby did not seem to notice anything when she was cutting it. What very small fine pieces it has cooked into! I did not remember that I had minced it up so fine; I suppose this is a quicker oven than my own."

"How fast Duchess is eating!" thought Ribby to herself, as she buttered her fifth muffin.

The pie-dish was emptying rapidly! Duchess had had four helps already, and was fumbling with the spoon.

"A little more bacon, my dear Duchess?" said Ribby.

"Thank you, my dear Ribby; I was only feeling for the patty-pan."

■ think to *oneself*：ひそかに考える　■ help *oneself* to ...：…を自分でとって食べる［ここでは「自分でパイを切って食べる」ということ］　■ fine piece：細かい切れ端　■ suppose ...：…だと推測する、考える　■ butter：バターを塗る［ここは動詞］　■ empty：からになる　■ help：(料理の) ひと盛り　■ fumble with the spoon：スプーンでかき回す　■ feel for ...：…を手さぐりで捜す

"The patty-pan? my dear Duchess?"

"The patty-pan that held up the pie-crust," said Duchess, blushing under her black coat.

"Oh, I didn't put one in, my dear Duchess," said Ribby; "I don't think that it is necessary in pies made of mouse."

Duchess fumbled with the spoon—"I can't find it!" she said anxiously.

"There isn't a patty-pan," said Ribby, looking perplexed.

"Yes, indeed, my dear Ribby; where can it have gone to?" said Duchess.

"There most certainly is not one, my dear Duchess. I disapprove of tin articles in puddings and pies. It is most undesirable—(especially when people swallow in lumps!)" she added in a lower voice.

Duchess looked very much alarmed, and continued to scoop the inside of the pie-dish.

■ blush：赤面する　■ anxiously：心配して　■ perplexed：当惑した　■ disapprove of ...：…に反対する、…に不賛成を唱える
■ tin article：ブリキ製のもの　■ undesirable：不快な、望ましくない
■ swallow：飲み込む　■ in lumps：かたまりで　■ in a lower voice：小さな声で　■ alarmed：怖くなって、おびえて　■ scoop：すくう

"My Great-aunt Squintina (grand-mother of Cousin Tabitha Twitchit)—died of a thimble in a Christmas plum-pudding. *I* never put any article of metal in *my* puddings or pies."

Duchess looked aghast, and tilted up the pie-dish.

"I have only four patty-pans, and they are all in the cupboard."

Duchess set up a howl.

"I shall die! I shall die! I have swallowed a patty-pan! Oh, my dear Ribby, I do feel so ill!"

■ great-aunt：大おばさん　■ Squintina：スクインティーナ [squint（斜視）という語から作られた名前と考えられる]　■ die of …：…が原因で亡くなる　■ thimble：(裁縫用の) 指ぬき　■ Christmas plum-pudding：英クリスマスに食べるプラムプディング [クリスマスプディングのこと。64ページ参照]　■ any article of metal：金属製品はどんなものでも　■ aghast：(恐怖・驚嘆のあまり) びっくりして　■ tilt up：(容器を) ひっくり返す　■ set up：(叫び声を) あげる　■ howl：(犬の) 遠吠え

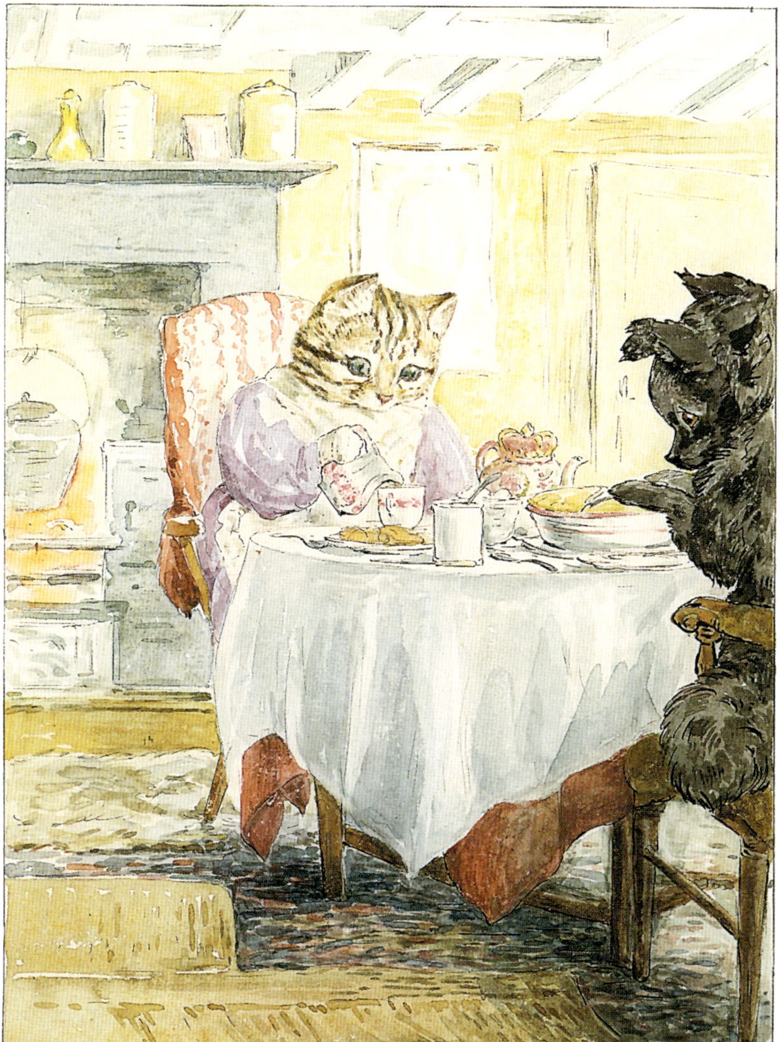

"It is impossible, my dear Duchess; there was not a patty-pan."

Duchess moaned and whined and rocked herself about.

"Oh I feel so dreadful, I have swallowed a patty-pan!"

"There was *nothing* in the pie," said Ribby severely.

"Yes there *was*, my dear Ribby, I am sure I have swallowed it!"

"Let me prop you up with a pillow, my dear Duchess; where do you think you feel it?"

"Oh I do feel so ill *all over* me, my dear Ribby; I have swallowed a large tin patty-pan with a sharp scalloped edge!"

"Shall I run for the doctor? I will just lock up the spoons!"

"Oh yes, yes! fetch Dr. Maggotty, my dear Ribby; he is a Pie himself, he will certainly understand.

■ moan：うめき声をあげる　■ whine：（犬が）クンクン鳴く　■ rock *oneself*：体を揺らす　■ dreadful：ひどく悪い、とても不快な　■ severely：激しく、厳しく　■ prop ... up with a pillow：…をまくらで支える　■ all over *someone*：…の全身で　■ a large tin patty-pan with a sharp scalloped edge：縁が鋭いギザギザをした大きなブリキ製の焼き型［scalloped は「（ホタテガイのような）波形をした」］　■ run for a doctor：医者を呼びに走る　■ Dr. Maggotty：マゴッティ先生［カササギの医者のこと］　■ he is a Pie himself：彼はカササギで、自分自身もパイである［この pie は、食べ物の pie とカササギを意味する magpie との掛け言葉になっている］

TRACK 58

Ribby settled Duchess in an armchair before the fire, and went out and hurried to the village to look for the doctor.

She found him at the smithy.

He was occupied in putting rusty nails into a bottle of ink, which he had obtained at the post office.

"Gammon? ha! Hᴀ!" said he, with his head on one side.

Ribby explained that her guest had swallowed a patty-pan.

"Spinach? ha! Hᴀ!" said he, and accompanied her with alacrity.

He hopped so fast that Ribby had to run. It was most conspicuous. All the village could see that Ribby was fetching the doctor.

■ armchair：ひじかけいす、アームチェア　■ smithy：鍛冶屋　■ be occupied in *do*ing：…で忙しい、…に専念する　■ rusty nail：さびた釘　■ obtain：手に入れる　■ gammon, spinach：ベーコン、青菜 [gammonの本来の意味は「ベーコン用豚肉」、spinachは「ホウレンソウ」だが、ここではともに「意味を成さない言葉」として使われている。ユーモアの一種。gammon and spinachという組み合わせで、マザーグースにも登場する]　■ with *one's* head on one side：首をかしげて　■ accompany：同行する　■ with alacrity：即座に　■ hop：飛び跳ねるように行く　■ conspicuous：人目を引く、目立つ

TRACK 59

"I *knew* they would over-eat themselves!" said Cousin Tabitha Twitchit.

But while Ribby had been hunting for the doctor—a curious thing had happened to Duchess, who had been left by herself, sitting before the fire, sighing and groaning and feeling very unhappy.

"How *could* I have swallowed it! such a large thing as a patty-pan!"

She got up and went to the table, and felt inside the pie-dish again with a spoon.

"No; there is no patty-pan, and I put one in; and nobody has eaten pie except me, so I must have swallowed it!"

She sat down again, and stared mournfully at the grate. The fire crackled and danced, and something sizz-z-zled!

■ over-eat *oneself*：食べ過ぎる　■ hunt for ...：…を捜し求める　■ curious：不思議な、奇妙な　■ happen to ...：…に起こる　■ be left by *oneself*：ひとりでとり残される　■ sigh：ため息をつく　■ groan：うなる　■ feel ... with 〜：…を〜で触ってみる　■ I must have swallowed it：私が焼き型を飲み込んだに違いない［must have ＋過去分詞で「(もう) …したに違いない」］　■ stare at ...：…をじっと見つめる　■ mournfully：悲しげに、悲しみに満ちて　■ grate：(暖炉の) 火床、暖炉　■ crackle：パチパチと音を立てる　■ sizz-z-zle：ジュージューと音を立てる［通常は sizzle とつづる］

TRACK 60

Duchess started! She opened the door of the *top* oven; out came a rich steamy flavour of veal and ham, and there stood a fine brown pie—and through a hole in the top of the pie-crust there was a glimpse of a little tin patty-pan!

Duchess drew a long breath—

"Then I must have been eating Mouse! . . . No wonder I feel ill . . . But perhaps I should feel worse if I had really swallowed a patty-pan!" Duchess reflected—"What a very awkward thing to have to explain to Ribby! I think I will put *my* pie in the back-yard and say nothing about it. When I go home, I will run round and take it away." She put it outside the back door, and sat down again by the fire, and shut her eyes; when Ribby arrived with the doctor, she seemed fast asleep.

"Gammon, ha, Ha?" said the doctor.

■ start：ぎくっとする　■ steamy：ゆげが立ち込める　■ flavour：英香り [flavor（米語）]　■ glimpse：ちらりと見えること　■ drew a long breath：長いため息をついた [draw（吸う）の過去形。活用は draw-drew-drawn]　■ I must have been eating MOUSE!：ねずみを食べていたに違いない　■ no wonder ...：…は少しも不思議ではない、…なのは当たり前だ [It is no wonder that ... の短縮形]　■ reflect：熟考する、思い出す　■ what a very awkward ...!：なんて気まずい…でしょう！　■ back-yard：裏庭　■ fast asleep：ぐっすり眠っている、眠り込んでいる

"I am feeling very much better," said Duchess, waking up with a jump.

"I am truly glad to hear it! He has brought you a pill, my dear Duchess!"

"I think I should feel *quite* well if he only felt my pulse," said Duchess, backing away from the magpie, who sidled up with something in his beak.

"It is only a bread-pill, you had much better take it; drink a little milk, my dear Duchess!"

"Gammon? Gammon?" said the doctor, while Duchess coughed and choked.

■ wake up with a jump：跳ね起きる　■ feel *someone's* pulse：(人の) 脈を測る　■ back away from ...：…から離れる、遠ざかる　■ sidle up：にじり寄る　■ beak：(鳥の) くちばし　■ bread-pill：にせ薬、気休めの薬 [パンくずで作ったにせの薬]　■ cough：咳をする　■ choke：息が詰まる

"Don't say that again!" said Ribby, losing her temper—"Here, take this bread and jam, and get out into the yard!"

"Gammon and Spinach! ha ha HA!" shouted Dr. Maggotty triumphantly outside the back door...

"I am feeling very much better my dear Ribby," said Duchess. "Do you not think that I had better go home before it gets dark?"

"Perhaps it might be wise, my dear Duchess. I will lend you a nice warm shawl, and you shall take my arm."

"I would not trouble you for worlds; I feel wonderfully better. One pill of Dr. Maggotty—"

"Indeed it is most admirable, if it has cured you of a patty-pan! I will call directly after breakfast to ask how you have slept."

■ lose *one's* temper：腹を立てる、落ち着きをなくす　■ into the yard：外へ　■ triumphantly：勝ち誇って、意気揚々と　■ lend：貸す　■ take *someone's* arm：（差し出された）腕をとる［人を支えたり、案内する場合の表現］　■ trouble *someone*：（人に）迷惑をかける　■ for worlds：何があっても、絶対に［= for the world］　■ wonderfully：不思議なほど、驚くほど　■ indeed：主に英（しばしば文頭で）はっきり言うと、実際に、いやそれどころか　■ admirable：見事な、賞賛に値する　■ cure *someone* of ...：（人の）…を治す　■ call：立ち寄る

Ribby and Duchess said goodbye affectionately, and Duchess started home. Half-way up the lane she stopped and looked back; Ribby had gone in and shut her door. Duchess slipped through the fence, and ran round to the back of Ribby's house, and peeped into the yard.

Upon the roof of the pig-stye sat Dr. Maggotty and three jackdaws. The jackdaws were eating pie-crust, and the magpie was drinking gravy out of a patty-pan.

"Gammon, ha, Ha!" he shouted when he saw Duchess's little black nose peeping round the corner.

Duchess ran home feeling uncommonly silly!

■ affectionately：親しみを込めて　■ pig-stye：豚小屋 [現在では pigsty とつづるのが普通]　■ jackdaw：（鳥）コクマルガラス [小型で鳴き声に特徴がある]　■ gravy：肉汁　■ uncommonly：非常に　■ silly：おろかな、ばかな

TRACK 64

When Ribby came out for a pailful of water to wash up the tea-things, she found a pink and white pie-dish lying smashed in the middle of the yard. The patty-pan was under the pump, where Dr. Maggotty had considerately left it.

Ribby stared with amazement—"Did you ever see the like! so there really *was* a patty-pan? . . . But *my* patty-pans are all in the kitchen cupboard. Well I never did! . . . Next time I want to give a party—I will invite Cousin Tabitha Twitchit!"

THE End

■ a pailful of water：バケツ１杯分の水　■ tea-things：英お茶用の食器　■ pie-dish lying smashed：粉々になって散らばっているパイ皿　■ pump：（水をくみ上げる）ポンプ　■ considerately：用心深い、思慮深い［やや古い言葉］　■ with amazement：びっくりして　■ the like：同じようなもの、こと　■ Well I never did!：驚いた！／まさか！／本当ですか！［驚きや非難などを表す］

訳

THE TALE OF THE PIE AND THE PATTY-PAN
パイがふたつあったおはなし

TRACK 42

　むかしむかしあるところに、リビーという名前のねこがいました。リビーは、ある日のこと、小型犬のダッチェスをお茶に招待しました。
「親愛なるダッチェス。ぜひお茶の時間にいらしてください」と、リビーは手紙に書きました。「とっておきのおいしい料理をご用意してお待ちしています。ちょうど今、パイ皿でその料理を焼いているところですの。ピンクのふち飾りのついたパイ皿でね。たぶんあなたは、こんなにおいしい料理を今まで食べたことはないと思いますよ！　しかも、あなたはその料理を全部召し上がってよろしいのよ！　私はマフィンを食べますので。親愛なるダッチェスへ！」と、リビーは書きました。
　ダッチェスは、手紙を読むと、返事を書きました。──「親愛なるリビーへ。喜んで4時15分にお邪魔いたします。でもとっても不思議だわ。私もちょうど、最高においしいごちそうを用意して、あなたを夕食にご招待しようと思っていましたのに」
「親愛なるリビーへ、遅れずにうかがいますね」と、ダッチェスは返事を続けました。そして「そのごちそうが、ねずみじゃないといいのですが」と手紙の最後に付け加えました。

TRACK 43

　それからダッチェスは、最後の言葉がちょっと礼儀に反すると思い、「ねずみじゃないといいのですが」の一文を削り、「お天気が良いといいのですが」に変えて、郵便屋さんにその手紙

を渡しました。
　けれどもダッチェスは、リビーのパイのことが気になってしかたありません。それで、リビーの手紙を何度も何度も読み返しました。
「ねずみのパイなんじゃないかと、とっても心配だわ！」と、ダッチェスは心の中で思いました。「とにかく、ねずみのパイなんて、絶対に食べられないもの。とっても無理だわ！ でも、食べなくちゃいけないわよね。だって、ティーパーティーに招待されているのだもの。そういえば、私のパイは、仔牛とハムのパイだったわね。お皿も、ピンクと白のふちのパイ皿だわ。あら、リビーとお揃いじゃない。どちらも、タビタ奥さんの店で買ったものだったわ」
　ダッチェスは、食料貯蔵庫に行って、作ってあったパイを棚から下ろし、じっと見つめました。

TRACK 44

「あとはオーブンの中に入れればいいだけだわ。パイ皮だってこんなにうまくできてる。パイ皮がへこまないよう、小さなブリキの焼き型を入れたし、皮の真ん中に、フォークで穴を開けて、ゆげが抜けるようにしておいたのだから完璧だわ——ああ〜、ねずみのパイなんかじゃなく、自分の作ったパイを食べたいわ！」
　ダッチェスは、考えに考え、リビーの手紙をもう一度読みました——
「『ピンクと白のふちのパイ皿』って書いてあるわね——それに『あなたはその料理を全部召し上がってよろしいのよ』ともあるわ。ここに『あなた』って書いてあるのは、私のことよね——つまり、リビーは自分ではパイを一口も食べないってことかしら？ ピンクと白のふちのパイ皿は、私とお揃いだし！ たぶんリビーは、マフィンを買いに出かけるわ……。そう

だ！ いい考えを思いついたわ！ リビーがいないうちに、急いでリビーの家に行って、オーブンの中に、私のパイを入れてくればいいんだわ」

　ダッチェスは、自分の素晴らしい思いつきに大喜びしました。

　一方、リビーのほうは、ダッチェスの返事を受け取り、ダッチェスが来るのを確認すると、すぐに自分のパイをオーブンに入れました。オーブンは2つあり、上下に分かれていました。オーブンにはノブとハンドルがいくつかついていましたが、それらの一部は、開けるためのものではなく、ただの飾りでした。リビーは、パイを下のほうのオーブンに入れました。そのドアは固くて開けにくいものでした。

「オーブンの上の段だと、早く焼きあがりすぎるもの」と、リビーは心の中で思いました。「このパイには、薄くて柔らかいねずみの肉と、ベーコンを細かく刻んでまぜておいたわ。骨は全部きれいにとっておいた。なぜって、この間のティーパーティーのとき、ダッチェスが、魚の骨をのどに詰まらせて、もう少しで窒息しそうになったから。あのひとったら、ちょっと早く食べ過ぎなのよ——あんな大口でペロリと食べるなんてね。でもダッチェスは、身のこなしが上品だし、礼儀もわきまえているから。うちのいとこのタビタと比べたら、はるかに上等なお客さんだわ」

　リビーは、石炭を暖炉に入れると、暖炉の前をきれいに掃除しました。それから、やかんに入れる水をくみに、バケツを持って井戸へ出かけました。

TRACK 46

　それが終わると、リビーは、部屋を片付け始めました。というのも、そこはキッチンでもありましたが、リビングとしても使っていたからです。リビーはまず、玄関の外でマットを振ってほこりを落としたあと、それをまっすぐに敷きました。暖炉の前のラグは、うさぎの毛皮でできていました。それから、マントルピースに飾ってあった時計や置物のほこりを払い、テーブルやいすを磨きあげました。

　次に、洗ったばかりの真っ白なテーブルクロスを広げると、暖炉のそばにある食器棚から、家で一番高級なお茶のセットをとり出して並べました。それは、白地にピンクのバラ模様があしらわれたティーカップと、白と青の模様のディナー皿でした。

　食卓の用意が整うと、リビーは水差しと白と青のディナー皿を持って、ミルクとバターをとりに行くため、農場へと出かけて行きました。

TRACK 47

　そして、家に戻ってくると、オーブンの下の段をのぞきました。パイはちょうどいい具合に焼けているようでした。

　次にリビーはショールをかけ、ボンネット帽をかぶりました。そして、紅茶を1袋と角砂糖を1ポンド、それにマーマレード1びんを買うために、またバスケットを持って村の食料雑貨店へ出かけました。

　そのちょうど同じ頃、ダッチェスも、村の端にある自分の家から、反対側の端にあるリビーの家に向かって出かけたところでした。

　リビーは、村の大きな道のちょうど中間でダッチェスに会いました。ダッチェスもバスケットを持っていましたが、ふきんがかかっていて中は見えません。2匹は互いにお辞儀をしただけでした。おしゃべりをしなかったのは、このあと、すぐにティーパーティーで話すからでしょう。

ダッチェスは角を曲がったところで、リビーが見えなくなるとすぐに、ものすごい勢いで走り出しました！——リビーの家に向かっていちもくさんに！

TRACK 48

　さて、リビーのほうはというと、店に入って必要なものを買い、店の主人でもあるいとこのタビタ奥さんと、ちょっとおしゃべりを楽しんでから店を出ました。
　タビタ奥さんは、リビーが店を出ると、さも軽蔑した言い方で言いました。
　「犬のお客さんですって！ このソーリー村には、ねこがいないわけじゃないのにね！ しかも、パイまで焼いてアフタヌーンティーに招待するなんて！ まったくなんてひどい話でしょう」と、タビタ奥さんは言いました。
　次にリビーは、ティモジーさんのパン屋へ行き、マフィンを買うと、家に戻りました。
　リビーは正面の玄関を入ったとき、裏道のほうで、誰かが慌てて歩いていく音がしたような気がしました。
　「まさか、あのパイに何かあったわけじゃないわよね。スプーンの入っている戸棚には鍵がかかっているから、問題ないはずだし」と、リビーは言いました。
　実際、そこには誰もいませんでした。リビーは、重くて固いオーブンの下の段の扉をやっと開けると、パイの向きを変えました。オーブンからは、ねずみの焼けるおいしそうなにおいがしていました。

TRACK 49

　一方のダッチェスは、リビーが家に戻るのとほぼ同時に、裏口からそっと外に出ました。
　「それにしても、パイをオーブンに入れたとき、リビーのパイ

が中に入っていなかったのはちょっとおかしいわね！ しかも、オーブン以外の場所にもないなんて。家じゅうを捜したのに。とにかく私のパイは、ちょうど温かくなっていたオーブンの上の段に入れてきたから問題ないわ。ほかの段は戸が開かなかったから、全部ただの飾りなんだと思うわ」と、ダッチェスは言いました。「でも、ねずみのパイは捨ててしまいたかったわね！ リビーは、どこにあのパイをしまったんだろう？ あのときは、リビーの帰ってくる音がしたから、裏口から逃げなくちゃならなくて、どうしたらよいか考えられなかったけれど」

　ダッチェスは家に戻り、きれいな黒の毛皮にブラシをかけると、リビーへのプレゼントに花束を作ろうと思い、庭の花を摘みました。そして、時計が4時を知らせるまで、家で時間をつぶしました。

　さて、リビーはというと——戸棚や食料貯蔵庫に、本当に誰も隠れていないかをしっかり確認すると——服を着替えに2階に上がって行きました。

　リビーは、ティーパーティーのために、よそゆきのライラック色のシルクドレスを着ると、刺繍があしらわれたモスリンのエプロンをして、毛皮のケープをはおりました。

「本当におかしいわ」と、リビーは言いました。「あの引き出しを開けたままになんてした覚えはないのに。誰かが私の手袋をはめてみようとしたのかしら？」

　リビーは、再び1階に下りると、お茶の支度を始め、暖炉のやかん台にティーポットをのせました。そしてもう一度、オーブンの下の段をのぞきました。パイは、こんがりとしたおいしそうな色に焼けていて、ほかほかのゆげが出ていました。

　リビーは暖炉の前に座って、ダッチェスを待っていました。「オーブンの下の段を使って本当に良かったわ」と、リビーは

言いました。「だって、上の段はあんまり火が強すぎるのですもの。あらっ、何で食器棚の戸が開いているのかしら？ やっぱり誰かが私の家にいたんだわ」

TRACK 51

　ダッチェスは、4時きっかりに、ティーパーティーに行くために家を出ました。でも、村の中を猛スピードで走り抜けたので、早く着き過ぎてしまいました。そこで、リビーの家へと続く小道で、ちょっとの間待たなければなりませんでした。
「リビーは、私のパイをもうオーブンから出しちゃったかしら？」と、ダッチェスは言いました。「でもいったい、ねずみのパイはどこにあったのかしら？」

　4時15分きっかりに、たいそう上品に、トントンと小さくドアを叩く音がしました。
「リブストンの奥さまは、いらっしゃいますか？」と、ダッチェスは玄関先で尋ねました。
「お入りくださいな！ ごきげんいかがですか、ダッチェスさん」と、リビーは大声で叫びました。「お元気でいらっしゃいました？」
「ええ、とっても元気ですわ。ありがとうございます。あなたはお元気でお過ごしでしたかしら、リビーさん」と、ダッチェスは答えました。「あなたに花束をお持ちしましたのよ。あら、なんておいしそうなパイのにおいなのかしら！」
「まあ、なんてきれいな花束なんでしょう！ ええ、ねずみとベーコンのパイですのよ」

TRACK 52

「食べ物の話はしないでくださいな、リビーさん」と、ダッチェスは言いました。「なんてかわいいテーブルクロスなんでしょう……！ パイはもう焼きあがりましたの？ それとも、まだ

オーブンの中なのかしら？」
「まだもう5分くらいかかると思いますわ」と、リビーは言いました。「あとほんの少しお待ちくださいな。待っている間に、私、紅茶をお淹れしますから。砂糖はお入れになる？ ダッチェスさん」
「ええ、お願いしますわ。リビーさん。それと、その角砂糖を私の鼻の上にのせてくださるかしら？」
「もちろんですわ、ダッチェスさん。まあ、チンチンのポーズ、とってもお上手ね！ なんてステキでかわいいんでしょう！」
ダッチェスは、鼻の上に角砂糖をのせたまま、クンクンにおいをかぎながら、お行儀よくまっすぐに席に座りました。
「とってもおいしそうなパイのにおいね！ 私、仔牛肉とハムが大好きなの——いえ、つまりその、ねずみとベーコンのパイのことですわ」

TRACK
53

ダッチェスは、動揺して角砂糖を落としてしまい、テーブルの下を捜さなくてはなりませんでした。そのため、リビーがどの段のオーブンを開け、パイをとり出したのかを見ませんでした。
リビーがテーブルにパイを置くと、こんがりと焼けたとても香ばしいにおいが漂ってきました。
ダッチェスは、角砂糖をモグモグかみながらテーブルクロスの下から出てくると、いすに座りました。
「それではまず、あなたにパイを切ってさしあげましょうね。私はマフィンとマーマレードを食べますので」と、リビーは言いました。
「本当にマフィンのほうがお好きなの？ パイを切るとき、焼き型に気をつけてくださいね！」
「え、何とおっしゃったの？」と、リビーは言いました。

「マーマレードをお回ししましょうか？」と、ダッチェスは、急いで言い直しました。
　パイは本当においしくできていましたし、マフィンも柔らかくて温かく、両方ともあっという間になくなってしまいました。特にパイのほうは、一瞬でなくなってしまいました。

TRACK 54

「そうね」――と、ダッチェスは考えました――「パイを切るなら、私が切ったほうがいいと思うわ。リビーはパイを切るとき、まったく焼き型に気づかなかったみたいだけど。この肉、なんて細かく切ってあるのかしら！　こんなに細かく刻んだつもりはないのに。このオーブン、うちのより早く火が通るんだわ」
「ダッチェスったら、なんて食べるのが早いの！」と、リビーは5つめのマフィンにバターを塗りながら思いました。
　パイ皿はあっという間に空になっていきました！　ダッチェスはすでに4回目のおかわりをして、ほとんど空になったお皿をスプーンでかき回していました。
「ベーコンをもう少しいかが、ダッチェスさん？」と、リビーは言いました。
「ありがとう、リビーさん。私、焼き型をいま捜しているところですの」

TRACK 55

「焼き型ですって？　ダッチェスさん」
「パイ皮がへこまないように入れておく焼き型のことですわ」と、ダッチェスは、黒い毛に覆われている顔を、赤らめながら言いました。
「あら。焼き型なんて入れていませんわよ、ダッチェスさん」と、リビーは言いました。「ねずみのパイを作るのに、焼き型なん

て必要ありませんもの」
　リビーにそう言われても、ダッチェスはまだスプーンでお皿をかき回していました——「焼き型が見つからないわ！」と、ダッチェスは不安そうに言いました。
「ですから、焼き型は入っていませんのよ」と、リビーは困った様子で言いました。
「いいえ、確かに入っているはずなのですよ、リビーさん。どこに行ってしまったのかしら？」と、ダッチェス。
「焼き型が入っているなんてこと、ありえませんわ、ダッチェスさん。私は、プディングやパイに、焼き型のようなブリキ製のモノを入れるのは反対なんです。一番好ましくないわ——（特にひと口でパイを飲み込んじゃうような人にはね！）」と、リビーは小さい声で言い足しました。
　リビーにこう言われて、ダッチェスはひどく動揺したように見えましたが、まだ懸命にパイ皿の底をすくい続けていました。

「親戚の寄り目の大おばさん——あのいとこのタビタのお祖母さんですけど——は、クリスマスプディングに入れる幸運の指ぬきを食べて死んでしまったんですの。ですから、自分のプディングやパイには、ああいった金属製品は絶対に入れませんわ」
　ダッチェスはあまりにもびっくりしたので、パイ皿をひっくり返してしまいました。
「私の焼き型は4つしかないはずよ。それに4つとも確かに食器棚に入っていたわ」
　ダッチェスは「ウォ〜ン」と、大声で遠吠えしました。
「私は死んじゃうわ！　私は死んじゃうわ！　だってパイの焼き型を飲み込んじゃったのだもの！　ああ、リビーさん。急に気持ちが悪くなってしまいましたわ！」

TRACK 57

「焼き型を飲み込んじゃったなんて、そんなことありえませんわ。だって、焼き型はパイには入っていないんですから」

ダッチェスはうめき声をあげると、クンクン鳴いたり、体を前後に揺り動かし、身もだえしました。

「ああ、ひどく気持ちが悪くて吐き気がしますわ。焼き型を飲み込んでしまったんですもの!」

「ですから、パイには焼き型なんて入っていませんわ」と、リビーは厳しい口調で言い返しました。

「いいえ。焼き型が入っているんですのよ、リビーさん。私は確かに焼き型を飲んでしまったんです!」

「クッションをお出ししますので、そこに寄りかかってお休みになったらいかがですか、ダッチェスさん。焼き型が体のどこに入っている感じがします?」

「ああ、体じゅうとっても気持ちが悪いわ、リビーさん。私、縁が鋭いギザギザの大きなブリキの焼き型を飲み込んでしまったんですもの!」

「お医者さまを呼びに行きましょうか? その前に、大事なスプーンが入った食器棚の鍵を閉めなくては!」

「ああ〜、ええ、そうして! カササギのマゴッティ先生を連れてきてくださいな、リビーさん。あの先生は、パイの仲間ですもの。きっと私の状況を理解してくださるわ」

TRACK 58

リビーは、暖炉の前のアームチェアにダッチェスを座らせ、先生を捜しに、村へ急いで出かけていきました。

リビーは、先生を鍛冶屋(かじ)で見つけました。

先生は、さびたくぎを忙しそうにインクつぼの中に入れていました。インクつぼは郵便局で手に入れたものでした。

「ベーコンだって? はあ、ほう!」と、先生は小首をかしげて言いました。

リビーは、「お客さまが焼き型を飲み込んでしまった」と説明しました。
「青菜だって？　おや、まあ！」と言い、先生はすぐにリビーに同行してくれました。
　先生があまりにも早く飛び跳ねて行くので、リビーは走らなければなりませんでした。その様子がとても目立ったため、リビーが医者を呼びに行ったことは、村じゅうの人に知られてしまいました。

「あの人たちが食べ過ぎるだろうってことはわかっていたわ！」と、タビタ奥さんは言いました。
　ところが、リビーがお医者さんを捜している間——ダッチェスにも、不思議なことが起こっていました。ひとり残されたダッチェスは、暖炉の前に座り、ため息をついたり、うなったりして、ひどく不安な気持ちになっていました。
「どうやって、私はあんなものを飲み込めたのかしら？　あんな大きい焼き型を！」
　ダッチェスは、いすから立ち上がると、テーブルの方に行き、もう一度スプーンでパイ皿の中をかき回してみました。
「ないわ。焼き型はやっぱりないわ。私は確かに入れたのに。それに、私以外の人は誰もパイを食べていないわ。ということは、私が焼き型を飲み込んでしまったってことよね！」
　ダッチェスは再びアームチェアに座り、悲しそうに暖炉の火を見つめました。火がパチパチという音を立て、火の粉が飛び跳ねていました。そのとき、何かがジュージューと音を立てているのが聞こえました。

TRACK 60

　ダッチェスはぎくっとしました！ 慌てて上の段のオーブンを開けてみると、仔牛とハムのジューシーで濃厚な香りが漂ってきました。そこには、こんがりと焼けたおいしそうなパイがありました——パイ皮の真ん中の穴からは、小さなブリキの焼き型がちらりと見えています。
　ダッチェスは、長いため息をつきました——
「ということは、私は、ねずみを食べちゃったってことなのね！ ……気持ちが悪くなるのは当然だわ……。でも、もし本当に焼き型を飲み込んでいたら、たぶんもっと気持ち悪くなっていたはずだけど！」そこで、ダッチェスはじっくり考えてみました——「リビーに説明しなくちゃならないけど、こんな話、気まずくてとっても無理だわ！ とにかく私のパイを裏庭に置いたら、このことは何も言わないことにするわ。いったん家に戻ってから、もう一度こっそり戻って、このパイを持って帰ることにすればいいわね」。ダッチェスは、裏口の外にパイを置くと、また暖炉のそばに座り、目を閉じました。リビーがカササギ先生と家に戻ってきたとき、ダッチェスはぐっすりと眠っているように見えました。
「ベーコンかい？ はあ、ほう！」と、先生は言いました。

TRACK 61

　ダッチェスは目を開けていすから飛び上がると、「私、だいぶ気分が良くなりましたわ」と、言いました。
「それを聞いて本当に安心したわ！ カササギ先生はあなたに薬を持ってきてくださったのよ、ダッチェスさん！」
「先生にちょっと脈をとっていただければ、たぶんすっかり良くなる気がしますの」と、ダッチェスは、カササギ先生から離れようと、あとずさりしながら言いました。なぜなら、先生がくちばしに何かくわえて、にじり寄ってきたからです。
「ただパンを丸めただけのお薬ですわ。この薬を飲んだほうが

いいですよ。それと少しミルクも飲んでくださいね、ダッチェスさん！」
　ダッチェスが、咳をしたり、息を詰まらせたりしている間、先生は「ベーコン？　ベーコン？」と言っていました。

TRACK 62

「それ以上、その変な言葉を言わないでくださいな！」と、リビーは先生に腹を立てました——「さあ、ここにあるパンとジャムを持ってさっさと外に出て行ってくださいな！」
「ベーコンに青菜！　はあ、ほう、ほう！」と、カササギ先生は裏口の外で勝ち誇ったように叫んでいました……
「私、すっかり気分が良くなりましたわ、リビーさん」と、ダッチェスは言いました。「暗くなる前に、家に戻ったほうがいいとお思いになります？」
「たぶん、そのほうがいいと思いますわ、ダッチェスさん。暖かいショールをお貸ししますから、私の腕につかまってくださいな」
「私、あなたにご迷惑をかけるなんてできませんわ。それに、私、不思議なほど良くなりましたの。カササギ先生のお薬を1粒飲めば大丈夫ですわ——」
「もしそのお薬で、焼き型を飲み込んでしまったのが治るなら、確かに大したことですけれどね！　明日の朝、ご飯のあとで、あなたがぐっすり眠れたかどうか、様子をうかがいにまいりますわ」

TRACK 63

　リビーとダッチェスは、親しみを込めた「さよなら」をお互いに交わし、ダッチェスはリビーの家を出ました。道を半分くらい行ったところで、ダッチェスは立ち止まって後ろを振り返りました。リビーはすでに家に入り、玄関のドアは閉まってい

ました。ダッチェスは垣根をくぐり抜けると、リビーの家の裏まで走って戻り、庭をのぞきました。

　豚小屋の屋根の上には、カササギ先生と3羽のコクマルガラスがとまっていました。コクマルガラスはパイ皮を食べているところで、あのカササギ先生は、焼き型から肉汁を飲んでいました。

「ベーコンだって、はあ、ほう！」と、カササギ先生は、ダッチェスの小さな黒い鼻が、庭の隅からのぞいているのを見て、叫びました。

　ダッチェスは、自分がばかだったと恥ずかしくなり、そのまま走って家に戻ってしまいました！

TRACK
64

　リビーがお茶の道具を洗おうと思い、バケツ1杯の水をくもうと外へ出ると、ピンクと白のパイ皿が、庭の真ん中に粉々になって散らばっていました。焼き型は、井戸のポンプの下に落ちていました。それは、用心深いカササギ先生が、焼き型を飲み込むことなく、残していったものでした。

　リビーは、びっくりして焼き型を見ました——「こんなことってありえないわ！ それじゃ、やっぱり焼き型はあったってことね？……でも私の焼き型は、全部キッチンの食器棚の中にあるのに。ああ、まさか、こんなことがあるなんて！……次にティーパーティーをするときには——いとこのタビタを招待することにするわ」

　　　　　　おしまい

ビアトリクス・ポターの生涯
The Story of Beatrix Potter

1 『ピーターラビットのおはなし』の作者ビアトリクス・ポター

　世界で一番有名なうさぎピーターラビット。愛らしいピーターをこの世に送り出した作者ヘレン・ビアトリクス・ポターは、1866年7月28日、ロンドンで生まれました。
　ビアトリクスの父ルパート・ポターは、法廷弁護士の資格を持つ人でしたが、生涯働く必要のない資産家でした。その莫大な財産は、産業革命時に商人だったビアトリクスの祖父エドマンドが、キャラコ（綿織物）の模様染めで、一代で築いたもの。母ヘレンの実家も、木綿業で財を成したランカシャー地方の大金持ちの商家。ビアトリクスは、裕福な両親の間に生まれた、筋金入りの都会育ちのお嬢さまでした。
　そのため、小さい頃から、夏と春には田舎で長期休暇を送り、ビアトリクスの写真がたくさん残っているのも、父ルパートの趣味が旅や写真、絵画だったからといわれています。ロンドンの自宅はもちろん、湖水地方の邸宅にも、政治家や芸術家など、多くの文化人が集まっていたポター家。ビアトリクスは、裕福なだけでなく、幅広い教養を得る機会に恵まれた環境で育ちました。

ヒルトップ農場の入口に立つ
ビアトリクス・ポター

ペットとして飼っていたうさぎの
ベンジャミンと一緒に

　しかし、当時のイギリスは、ヴィクトリア時代の封建的な空気が色濃く残る19世紀後半。裕福な中産階級の子女とはいえ、グラマースクールやオックスフォード大学で勉強できた6つ下の弟バートラムとは違い、ビアトリクスに学校や大学へ行くという選択肢はありません。中産階級以上の子女教育は、家庭教師が行うのが一般的だったからです。

　そんな家庭教育だけの環境の下、ビアトリクスは、もっぱら絵を描くことに没頭します。日記をまめにつけ、読書にいそしむ日々。そのため、同世代の友人はほとんどおらず、弟と飼っていたたくさんの小動物だけが友達でした。

　大の動物好きだったビアトリクスは、ペットの動物のスケッチと、昆虫や植物の細密画を数多く残しています。擬人化したうさぎの絵を初めて描いたのも9歳の頃でした。後年、ピーターラビットの絵本シリーズに登場する動物たちの中には、ペットとして飼っていた動物たちが、何匹も登場します。ピーターは芸をする愛嬌のあるうさぎで、ベンジャミンはやんちゃな暴れん坊。どちらもベルギーうさぎだったそうです。

　20代後半には、きのこの絵を描き、論文まで発表するなど、きのこ研究に没頭していた時期もありましたが、女性であることで、自然科学の世界では認められず、きのこ研究者になることを断念。絵の世界へ戻ります。

2　湖水地方とローンズリー牧師との出会い

　ビアトリクスはロンドン生まれのロンドン育ちでしたが、もともと社交界での付き合いや都会が好きなタイプではありませんでした。

　それにずっとロンドンにいたわけでもありません。両親と弟と一緒に、毎年夏の3〜4カ月間を国内の避暑地であるスコットランドや湖水地方で過ごしていました。でも、自分の家以上に愛着があった場所は、ロンドン近郊のハートフォードシャーにあった祖父母の屋敷カムフィールド・プレイスでした。「田舎に住みたい」と思うようになったきっかけも、その屋敷での生活が影響したようです。

　そのビアトリクスが湖水地方を初めて訪れたのは16歳の頃でした。それ以前の夏、10年ほどをスコットランドで過ごしていたポター一家は、1882年の夏から、避暑先を湖水地方に移し、貴族屋敷を借りて過ごすことになりました。

　動物や植物が大好きで、豊かな自然と静かな環境を好むビアトリクスにとって、湖水地方はまさに理想の生活環境。そして、そこで父ルパートの友人の一人、ハードウィック・ローンズリー牧師と出会います。

　ローンズリー牧師は、「湖水地方の番人」とまでいわれ、のちにナショナル・トラストの創始者の一人となった自然保護運動家。ビアトリクスの絵画の才能をいち早く見抜くとともに、自然保護の重要性を説くなど、ビアトリクスの人生に多大な影響を与えた人物です。

　ビアトリクスの処女作『ピーターラビットのおはなし』が、フレデリック・ウォーン社から出版できたのも、ローンズリー牧師の強い推薦と交渉があったからといわれています。

湖水地方のレイ・カースルに滞在するポター一家

3 『ピーターラビットのおはなし』の誕生

　『ピーターラビットのおはなし』は、ビアトリクスが27歳のとき、かつての家庭教師だったアニー・カーターの息子、ノエル君に贈った絵手紙がベースになっています。アニーはビアトリクスの最後の家庭教師で、生涯を通じて交流していた親友でした。彼女は、当時飼っていたうさぎのピーター・パイパーをモデルに、病気のノエル君を励ますため、ひとつのお話を絵手紙にして贈ったのです。

　それから数年後の1900年、本格的に絵本を作ろうと思い立ったビアトリクスは、ノエル君から絵手紙を借り、手のひらサイズの小さな絵本を作ります。しかし、出版社数社に送ってみたものの、反応が今ひとつだったため、1901年12月、私家版『ピーターラビットのおはなし』を自費出版しました。

　この絵本は、250部とわずかな部数でしたが、多くのこどもたちの関心を呼び、翌年には200部を増刷する人気作品となったのです。

　その後、ローンズリー牧師の口添えもあり、フレデリック・ウォーン社の編集者ノーマン・ウォーンから、オールカラーを条件に出版を打診されます。1902年にウォーン社から出版された初版は、8,000部が予約で完売し、1903年末までの1年2カ月で5万部を売り上げる大ヒット作となりました。

『ピーターラビットのおはなし』の原型になった絵手紙

4 婚約者ノーマンの死と
ヒルトップでの暮らし

　1905年、ビアトリクスは、『ピーターラビットのおはなし』、『りすのナトキンのおはなし』、『グロースターの仕たて屋』（ともに1903年）の3つの絵本の印税と、多少の遺産分けのお金で、夢だった自分の農場を購入します。場所は湖水地方で一番好きな場所だったニア・ソーリー村でした。ビアトリクスは、このヒルトップ農場を得たことで、絵本を描くだけでなく、農場経営や農業への関心を深めるとともに、自然保護活動にも力を注いでいきます。

　その間、担当編集者であり、婚約者でもあったノーマン・ウォーンが急死。ノーマンとは両親の反対もあって婚約が秘密だったため、公に悲しむこともできませんでしたが、ヒルトップでの新しい生活がその傷を癒やしたといわれています。

　といっても、ビアトリクスはロンドンの家を完全に引き払ったわけではありませんでした。40歳近くなっていた彼女を、両親がなかなか手放してくれなかったからです。そのためビアトリクスは、ロンドンと湖水地方を往復しながら、絵本を描き、ヒルトップの改築や庭仕事、家具の調達、家畜の手入れと、忙しく暮らしていたようです。

　この時期のビアトリクスは、ヒルトップの家と庭を舞台にした『こねこのトムのおはなし』（1907）や、家の暖炉や食器棚、階段が登場する『ひげのサムエルのおはなし』（1908）、ニア・ソーリー村を舞台にした『あひるのジマイマのおはなし』（1908）、『「ジンジャーとピクルズや」のおはなし』（1909）など、自分の住んでいる家や村をモデルに、次々と絵本を出版しています。

　そのアイデアの源となったヒルトップ農場とニア・ソーリー村は、今も絵本の世界そのままの姿で残っており、ピーターラビットファンの聖地といわれています。

5 47歳での結婚と農婦となったビアトリクスの後半生

1913年、ビアトリクスは、土地購入のことで知り合った弁護士のウィリアム・ヒーリスと結婚します。このときも、両親に結婚を猛反対されたのですが、弟バートラムの説得もあり、両親もしぶしぶ承諾。やっと結婚できたのでした。2人は、ニア・ソーリー村のカースルコテージに新居を構えます。

結婚後、ビアトリクスは、絵本の創作よりも、湖水地方の土地購入やナショナル・トラストへの寄付、農場経営、ハードウィック羊の飼育などに力を注ぎました。

1932年にアメリカだけで発売された『妹アン』を最後に、完全に執筆活動から引退すると、農婦としての生活に専念したといいます。

そして、1943年12月22日、ビアトリクス・ポターは77歳でその生涯を閉じました。お墓はありません。彼女の遺言により、遺灰は大好きだったニア・ソーリー村近くの森にまかれましたが、その場所は誰も知りません。

ビアトリクスの死後、遺言により、約4,300エーカー（約1,740ヘクタール）の土地と15の農場、コテージなど、そのすべての財産が、ナショナル・トラストに寄付されました。ビアトリクスの死の1年半後に亡くなった夫ヒーリスもまた、土地と6つの農場、コテージを寄贈しています。

こうして、湖水地方を未来永劫そのままに残しておきたいと願ったビアトリクスの思いは、今もきちんと守られています。

100年以上前と変わらない美しい自然と景観が残っているのは、ビアトリクスの湖水地方への愛と強い信念のおかげでしょう。絵本での成功は大きなきっかけにはなりましたが、大きな財産を手にしたあとも、冷静に湖水地方のことを考えたビアトリクスの周到な準備のたまものともいえます。

現在、湖水地方の土地の3分の1を所有するナショナル・トラストですが、その影には、ビアトリクスの多くのサポートがあったことを忘れることはできません。

夫ウィリアム・ヒーリスとビアトリクス

154〜159ページの写真はいずれも National Trust 提供

訳・解説者紹介

木谷 朋子 (Tomoko Kitani)
東京都生まれ。旅行作家＆編集者。明治大学経営学部卒業。『留学ジャーナル』の編集者を経て、1989年より2年間英国へ留学。シェフィールド大学とシティ・オブ・ロンドン・ポリテクニック（現ロンドン・ギルドホール大学）で学び、ビジネスのディプロマを取得。帰国後は、ヨーロッパやアジア、オーストラリアなど、世界各地を取材しながら、海外の旅文化、留学、語学をテーマに、幅広い分野で執筆活動を続ける。主な著書に『LIVE from オーストラリア』、『LIVE from SEOUL』（以上、ジャパンタイムズ）、『英国で一番美しい風景 湖水地方』（小学館）、『イギリス留学』（共著・三修社）、『ロンドンと田舎町を訪ねるイギリス』（共著・トラベル・ジャーナル）などがある。「英国ビアトリクス・ポター協会」会員。

監修者紹介

河野 芳英 (Yoshihide Kawano)
東京都生まれ。大東文化大学文学部英米文学科教授。東海大学大学院博士課程前期修了。1989年以降、3回にわたり、オックスフォード大学ペンブローク・コレッジに研究員として滞在。主な著書に『ビアトリクス・ポターが残した風景』（共著・メディアファクトリー）などがある。「英国ビアトリクス・ポター協会」リエゾン・オフィサー、「大東文化大学ビアトリクス・ポター資料館」運営委員。

英語で楽しむ ピーターラビット™の世界 Book 1

2012年6月5日　初版発行

訳・解説　　木谷 朋子
　　　　　　©Tomoko Kitani, 2012
発行者　　　小笠原 敏晶
発行所　　　株式会社 ジャパンタイムズ
　　　　　　〒108-0023 東京都港区芝浦4丁目5番4号
　　　　　　電話　（03）3453-2013［出版営業部］
　　　　　　振替口座　00190-6-64848
　　　　　　ウェブサイト　http://bookclub.japantimes.co.jp
印刷所　　　株式会社 廣済堂

本書の内容に関するお問い合わせは、上記ウェブサイトまたは郵便でお受けいたします。
定価はカバーに表示してあります。

万一、乱丁落丁のある場合は、送料当社負担でお取り替えいたします。ジャパンタイムズ出版営業部あてにお送りください。

Printed in Japan　ISBN978-4-7890-1488-5

BEATRIX POTTER™ and PETER RABBIT™ © Frederick Warne & Co.
Frederick Warne & Co. is the owner of all copyrights and trademarks in the Beatrix Potter characters names and illustrations
Licensed by ©opyrights Asia　www.peterrabbit.co.jp